DUAL CHANNELS

A DISTRIBUTION STRATEGY IN
BUSINESS-TO-BUSINESS MARKETING

CHANNELS

デュアル・チャネル

B2Bマーケティングにおける流通戦略

ISHII Ryuta

石井隆太 著

千倉書房

まえがき

　生産者がモノやサービスを生産し、それが顧客に至るまでの流通経路は、大きく3種類に分類される。第1は、生産者自身が流通活動を担い、生産者と顧客が直接取引を行う統合チャネル、第2は、流通活動を社外の流通業者に委託し、生産者は流通業者を介して顧客に製品を販売する独立チャネル、そして第3は、統合チャネルと独立チャネルの双方を用いる、デュアル・チャネルである。

　デュアル・チャネルは、さまざまなビジネスの現場において採用されている。例えば、食品や家電のような消費財を扱うメーカーの中には、自社 Web サイトを通じた販売（統合チャネル）と、コンビニやスーパーマーケットなどの独立小売店を通じた販売（独立チャネル）の双方を用いる企業が存在する。部品や原材料のような生産財を扱うメーカーにとって、自社の営業部隊（統合チャネル）と、商社・問屋・代理店などの卸売商（独立チャネル）の双方を用いることは一般的である。海外進出を行う企業はしばしば、海外営業部による現地顧客との直取引（統合チャネル）と、ディストリビューターやインポーターなどの現地代理店（独立チャネル）のどちらをも用いる。

　このように、デュアル・チャネルは、多様な産業において採用されているにもかかわらず、驚くべきことに、マーケティング・チャネル論において、デュアル・チャネルに焦点を合わせた研究は稀である。というのも、マーケティング・チャネル論においては、統合チャネルと独立チャネルの2種類のうちのいずれを選択するのかという問題こそが、本質的かつ基本的な問題であると考えられ、双方を同時に用いるデュアル・チャネルは、捨象されるか、あるいは、双方の要素を単に足し合わせただけの中間形態として見なされる傾向にあるためである。しかしながら、近年、デュアル・チャネルは、単なる中間形態ではなく、特異な特徴をもつ形態であると指摘され始め、それゆえ、数多くのチャネル研究者たちが、デュアル・チャネルに焦点を合わせて、未解決の問いに取り組むべきであると強く要請するようになっている。

　本書は、そうした研究要請に応えて、デュアル・チャネルに関する理解を進展させるべく、次の3つのリサーチクエッション（**RQ**）に取り組んだ。

　　RQ1：なぜ、企業は、デュアル・チャネルを選択するのか？
　　RQ2：どのように、企業は、デュアル・チャネルにおける対立を解決することができるのか？
　　RQ3：デュアル・チャネルは、企業成果に対して、どのような影響を及ぼすのか？

　RQ1は、「デュアル・チャネルの選択」というトピックにおける問いである。企業の中には、統合チャネルか独立チャネルかのいずれか1種類のみを用いる企業が存在する一方で、それら双方を組み合わせたデュアル・チャネルを用いる企業も存在する。そうした企業は、なぜ、敢えて、2種類のチャネルを用いるのだろうか。**RQ2**は、「デュアル・チャネルにおける対立」というトピックにおける問いである。デュアル・チャネルを用いる最大のデメリットは、統合チャネル（の所有者である製造業者）と独立チャネル（すなわち、流通業者）で、互いに顧客を奪い合って、対立や衝突が発生することである。これを事前に防いだり事後的に解消したりするためには、どのようにすればよいのだろうか。**RQ3**は、「デュアル・チャネルと成果」というトピックにおける問いである。企業成果（売上や利益）は、企業が存続するために必要不可欠であり、企業の究極的な目標の1つである。果たして、デュアル・チャネルを用いることは、そうした企業成果を高めることに貢献するのだろうか、それとも、企業成果を損なうことにつながってしまうのだろうか。

　マーケティング・チャネル論において、すでにいくつかの既存研究は、デュアル・チャネルに焦点を合わせてきた。しかしながら、既存研究は、上述の3つのリサーチクエッションそれぞれに対応した3つの問題（問題Ⅰ～Ⅲ）を抱えてしまっている。本書は、既存研究のそうした問題を解決するべく、日本の製造業者から収集されたサーベイデータを用いて、3つの実証研究（実証研究Ⅰ～Ⅲ）に取り組んだ。そうすることによって、新たな研究知見を見出し、デュアル・チャネルに関する知を進めようと試みた。

　本書は、上述したリサーチクエッションに取り組むための、理論的・実証的な研究アプローチの双方において、次のような特色を有している。まず、理論的アプローチについて、本書は、一貫して、資源や能力に関する理論を用いている。具体的には、本書は、資源ベース論、ケイパビリティ論、関係論に依拠するとともに、関連する研究群である、市場志向論、企業家志向論、知識吸収能力論の研究知見を援用している。これらの諸理論は、マーケティング論や経営学の分野においては幅広く用いられてきたものの、ことチャネル研究においては、それほど盛んに用いられているとは言い難い。これらの諸理論を援用することによって、本書は、企業特殊的な経営資源や組織能力とチャネル現象に関して、新たな知見を提供しようと試みている。

　本書のもう1つの特色は、実証的アプローチにある。本書は、B2Bマーケティングにおける流通、とりわけ、生産財の流通について、独自のサーベイ調査を実施し、デュアル・チャネルに関する定量的な知見を提供している。生産財流通を調査対象として設定したのには、2つの理由がある。第1に、デュアル・チャネルは、多様な産業において採用されているが、その中でも特に、生産財を扱う企業には、極めて一般的に用いられるからである。実際、本書のサーベイ調査からも、半数以上の生産財企業が、デュアル・チャネルを用いているということが示されている。第2に、日本では、消費財流通を念頭に置いたマーケティングや流通に関する研究が数多く展開される一方で、生産財流通に焦点を合わせた研究は相対的に数少なく、研究知見もそれほど蓄積されてこなかったからである。そうした生産財流通に焦点を合わせてサーベイ調査を実施することで、チャネル研究の発展に貢献しようと試みる点も、本書の特色であると言えるであろう。

目　次

第8章

限界と課題

第 **1** 章　**はじめに**

1．研究背景

　生産者によって生産された財やサービスは、流通業者を媒介して、消費者の手元に届く。このように、生産物が生産者から消費者に至るまでのプロセス、換言すれば、生産物にかかわる主体間の継起的な取引連鎖は、流通と呼ばれる。流通を分析するのに際して、マーケティング論ないし流通論という学科領域においては、マクロの視点（社会全体の視点）から取り組むアプローチと、ミクロの視点（個別企業の視点）から取り組むアプローチがある（Bucklin, 1966; Jones and Shaw, 2002）。前者の焦点は、社会システムとしての流通の機能・構造・成果であり、ここでの流通は、流通チャネルないし流通システムと呼ばれる[1]。後者の焦点は、流通にかかわる個々の企業の行動・戦略・成果であり、ここでの流通は、マーケティング・チャネルと呼ばれる[2]。本書は、後者のアプローチを採用し、ミクロの視点、すなわち、個別企業の視点から見た流通を取り扱う。

　個別企業は、自身の流通目標を達成するために、チャネル戦略を策定・実行している。チャネル戦略は、著名なマーケティング・ミックス（McCarthy, 1960）の4P（Product、Price、Promotion、Place）のうちの Place に該当し、マーケティング・ミックスの中でもとりわけ重要な地位を占めている（Rosenbloom, 2012）。その理由は、チャネル戦略が、独立した企業間の関係性あるいは取引とかかわっ

ており、その策定・実行には、企業間における活動の調整が必要であるためである（Palmatier, Stern, and El-Ansary, 2014）。企業内における活動の調整は、企業組織の権限を用いることによって、相対的に容易に行われるのに対して、所有権的に独立した企業間における活動の調整は、権限という影響力を行使することができないため、相対的に困難である（Anderson and Coughlan, 2002）。そうした企業間における活動の調整を実現するべく、チャネル戦略には、大規模かつ長期的な投資が伴う。しかしながら、チャネル戦略は、こうした特徴を有するため、当該企業のチャネル構造や企業間関係を資源と見なせば、それは、競合企業によって容易に模倣されることはなく、それゆえ、持続的な競争優位の源泉となる（Wernerfelt, 1984; Barney, 1991; Peteraf, 1993）。したがって、効果的なチャネル戦略の策定と実行は、企業の生存にとって必要不可欠であると見なされている。

　チャネル戦略を策定・実行するのに際して、企業が初めに直面する意思決定課題は、流通機能を自社自身で担うのか、あるいは、他社に委託するのかという垂直統合の課題、換言すれば、短いチャネルを選択するのか、それとも、長いチャネルを選択するのかというチャネル長短の課題である（Lilien, 1979; Anderson and Coughlan, 2002）。この課題に対処するのに際して、企業は、基本的に3つの選択肢の中から、1つのチャネル構造を選択する。第1は、自社営業部隊や直営店を用いる、統合チャネル（直接チャネル）、第2は、独立卸売業者や独立小売店を用いる、独立チャネル（間接チャネル）[3]、そして、第3は、統合チャネルと独立チャネルの双方を用いる、デュアル・チャネルである。

　第3の選択肢であるデュアル・チャネルは、現実世界において、多数の産業において観察される（Mols, 2000）。例えば、生産財産業において、製造業者は、国内流通に際しては、自社営業部隊と独立流通業者（商社や代理店）の双方を用いており（e.g., Dutta, Bergen, Heide, and John, 1995; Sa Vinhas and Anderson, 2005）、海外流通に際しては、現地法人と現地代理店の双方を用いている（e.g., Klein, Frazier, and Roth, 1990; McNaughton, 2002）。消費財産業において、製造業者に着目すれば、彼らは、自社直営店と独立小売店の双方を用いており（e.g., Moriarty and Moran, 1990; Cespedes and Corey, 1990）、小売業者に着目すれば、彼らは、自社直営店とフランチャイズ店の双方を用いている（e.g., Rubin, 1978; Bradach and Eccles, 1989）。

　しかしながら、マーケティング・チャネル論において、デュアル・チャネルに焦点を合わせた研究は稀である。チャネル研究の課題と今後の方向性を検討した Sa Vinhas, Chatterjee, Dutta, Fein, Lajos, Neslin, Scheer, Ross, and Wang (2010) は、こうした現状について、次のように述べている。

　　「デュアル・チャネルは、異なる顧客セグメントに対応するために、あるいは、同一顧客の異なるニーズに対応するために売手がチャネルの数を増やすのに伴って、しばしば観察される典型的な現象となっている。しかしながら、製造業者はデュアル・チャネルシステムをいかにして効果的に管理できるのか、それは生産者、流通チャネル、最終顧客、および、チャネルシステムに対していかなる影響を及ぼすのかについて、我々は、未だにほとんど何も知らない。」

Sa Vinhas, et al.（2010）, p. 227.

　このように、デュアル・チャネルに焦点を合わせた既存研究が数少ない理由として、2つの原因が考えられる。第1に、チャネル研究において、長らくの間、統合チャネルと独立チャネルの2種類のうちのいずれを選択するのかという問題が、本質的かつ基本的な問題であると見なされてきたためである。例えば、チャネル選択問題に取り組んだ古典的かつ代表的な研究である Lilien (1979) は、統合チャネルと独立チャネルという2択の選択問題に焦点を合わせていたため、実証分析に際しては、デュアル・チャネルを採用している企業が観察されたものの、そうした企業を分析対象から除外している。彼の後続研究（e.g., Rangan, Menezes, and Maier, 1992）も同様に、デュアル・チャネルを採用している企業を分析対象から除外している。

　第2に、チャネル選択に対する支配的な分析枠組である取引費用理論（Coase, 1937; Williamson, 1975, 1985）が、単一のガバナンス形態に焦点を合わせてきたためである。取引費用理論は、ある取引をガバナンスするのに際して、市場と階層組織という代替的なガバナンス形態のうちのいずれを選択するのかという問題に取り組んできた。この理論に基づいて、チャネル研究は、独立チャネルを市場形態、統合チャネルを階層組織形態として見なし、独立チャネルと統合チャネルの

うちのいずれを選択するのかという問題に取り組んできた（e.g., Anderson, 1985; John and Weitz, 1988; Klein, *et al.*, 1990）。その結果、チャネル研究は、独立チャネルと統合チャネルのどちらをも選択すること、すなわち、デュアル・チャネルを選択することに関する問題には、取り組んでこなかったのである。

　以上のように、デュアル・チャネルは、現実世界においては、多数の産業において採用されているものの、チャネル研究においては、明示的に取り扱われることが少ない現状にある。こうした現状について、近年、数多くのマーケティング・チャネル研究者たちが、デュアル・チャネルに焦点を合わせて、未解決の課題に取り組むべきであると強く主張している（e.g., Rindfleisch, Antia, Bercovitz, Brown, Cannon, Carson, Ghosh, Helper, Robertson, and Wathne, 2010; Sa Vinhas, *et al.*, 2010; Hoppner and Griffith, 2015; Krafft, Goetz, Mantrala, Sotgiu, and Tillmanns, 2015; Homburg, Vomberg, and Muehlhaeuser, 2020）。

2．研究目的

　先述したようにそれほど数は多くないものの、デュアル・チャネルに関して、いくつかの既存研究が存在する。それらの研究は、マーケティング・チャネルに関する研究の中でも、チャネル選択という研究領域、あるいは、チャネル対立という研究領域において展開されてきた。一方で、チャネル選択に関する研究の中には、企業が選択可能なチャネル構造の選択肢の１つとして、デュアル・チャネルを考慮に入れた研究が存在する。そうした既存研究の大半は、取引費用理論に依拠したうえで、資産特殊性や不確実性という取引費用要因が、デュアル・チャネルの選択に影響を及ぼすということを見出してきた（e.g., Dutta, *et al.*, 1995; McNaughton, 2002; Kabadayi, 2008, 2011）。しかしながら、取引費用理論に依拠した研究は、次の問題を抱えている。すなわち、製造業者がデュアル・チャネルを選択する動機として、機会主義的行動の抑制による取引費用の最小化のみに着目してしまっているという問題である。そこで、この問題を解消するために注目されているのが、ケイパビリティ論である。この理論に依拠することによって、企

業内外の資源や能力の開発・活用による便益の最大化に着目することができる。近年の既存研究は、このケイパビリティ論に依拠して、デュアル・チャネルの選択の規定要因として、取引費用要因だけではなく、市場志向能力や流通能力というケイパビリティ要因をも同定している（e.g., Takata, 2019）。

　他方で、チャネル対立に関する研究の中には、デュアル・チャネルが対立に及ぼす影響を探究したり、その対立の管理方策を検討したりする研究が存在する。製造業者がデュアル・チャネルを選択しているというのは、顧客への販売ルートとして、独立流通業者だけではなく、自社の販売部隊も併存するということを意味する。この時、独立流通業者は、製造業者が自身の販売部隊に有利なように行動しているのではないかと疑ってかかる。既存研究は、こうした疑念が、製造業者と流通業者の関係性を悪化させ、チャネル間の対立を引き起こすと主張してきた（e.g., Brown and Fern, 1982; Eyuboglu and Kabadayi, 2005）。さらに、既存研究は、こうした対立を抑制するために、どのような管理方策が有効であるのかということも検討してきた（Moriarty and Moran, 1990; Sa Vinhas and Anderson, 2005, 2008）。対立の管理方策に関する研究は、チャネル間で取扱製品や標的顧客を分割する境界システム、ならびに、他のチャネルによって獲得された売上に対して、あるチャネルが重要な役割を果たした際に、当該チャネルに対して経済的インセンティブを与える補償システムを、有効な方法として同定してきた（Sa Vinhas and Anderson, 2005, 2008）。

　以上の既存研究は、デュアル・チャネルに関する知識の発展に対して多大なる貢献を成してきたものの、次の3つの問題を抱えていると指摘しうる。第1の問題は、海外市場におけるデュアル・チャネルの選択に対して、ケイパビリティ要因が及ぼす影響を検討していないことである。既存研究は、ケイパビリティ要因がデュアル・チャネルの選択に及ぼす影響を検討する際に、国内市場を想定していた（Takata, 2019）。海外市場という未踏の市場を開拓するためには、既存研究においては取り扱われてこなかったケイパビリティが重要な役割を果たすであろうし、海外流通に際しては、国内と海外の文化的な差異も考慮に入れる必要があろう。果たして、海外市場におけるデュアル・チャネルの選択に対して、どのようなケイパビリティ要因が、どのような影響を及ぼすのであろうか。デュアル・チャネルの選択に関する知識を深化させるために、ケイパビリティ要因が

デュアル・チャネルの選択に及ぼす影響について、さらなる知見を提供することが必要であろう。

第2の問題は、対立の管理方策の効果を促進する要因を同定していないことである。既存研究において、デュアル・チャネル採用企業は、対立の管理方策を策定・実行することによって、チャネル間の対立を抑制しうるということが見出されてきた（e.g., Moriarty and Moran, 1990; Sa Vinhas and Anderson, 2005）。しかしながら、それと同時に、管理方策を効果的に策定・実行することは、困難であるということも示唆してきた。それでは、どのような製造業者であれば、その困難性を克服し、管理方策を首尾よく機能させられるのであろうか。対立の管理に関する研究を前進させるためには、管理方策の効果を促進する要因を探究することが必要不可欠であろう。

第3の問題は、デュアル・チャネルがチャネル成果に及ぼす影響を検討していないことである。マーケティング・チャネル研究においては、製造業者と流通業者のダイアド関係における成果、すなわち、チャネル成果が重要な指標として見なされており、その規定要因を探究する試みが盛んに行われてきた（e.g., Jap, 1999; Palmatier, Dant, and Grewal, 2007; Skarmeas, Zeriti, and Baltas, 2016）。しかしながら、デュアル・チャネルに関する研究は、重要な成果指標たるチャネル成果を取り扱ってこなかった。果たして、デュアル・チャネルは、チャネル成果に対して、どのような影響を及ぼすのであろうか。マーケティング・チャネル研究において重要視されてきたチャネル成果という成果指標に対して、デュアル・チャネルが及ぼす影響を探究することは、デュアル・チャネル研究の潮流を拡大するという意味において重要な試みであろう。

本書の目的は、上述した3つの問題を解消し、デュアル・チャネル研究、ひいては、マーケティング・チャネル研究の前進に貢献することである。具体的には、次の3つの実証研究を展開することによって、問題の解消を試みる。第1の問題、すなわち、海外市場におけるデュアル・チャネルの選択に対して、ケイパビリティ要因が及ぼす影響を検討していないという問題Ⅰに対応するために、実証研究Ⅰを展開する。第2の問題、すなわち、対立の管理方策の効果を促進する要因を同定していないという問題Ⅱに対応するために、実証研究Ⅱを展開する。そして、第3の問題、すなわち、デュアル・チャネルがチャネル成果に対して及ぼ

図1-1　既存研究の問題と本書の実証研究

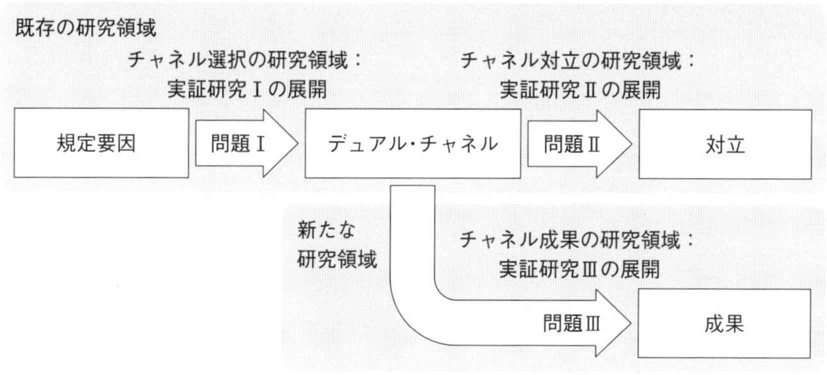

既存の研究領域

す影響を検討していないという問題Ⅲに対応するために、実証研究Ⅲを展開する。
図1-1に示されるとおり、実証研究Ⅰは、チャネル選択という既存の研究領域
における問題、実証研究Ⅱは、チャネル対立という既存の研究領域における問題、
そして、実証研究Ⅲは、チャネル成果という新たな研究領域における問題として
位置づけられる。

3. 研究対象

　マーケティング・チャネルに関する研究課題を検討するのに際しては、議論の
混乱を避けるために、当該研究が焦点を合わせるチャネル文脈を明確化しておく
ことが有用であろう。本書は、B2B マーケティングにおける流通というチャネ
ル文脈に焦点を合わせる。B2B とは、組織と組織の取引を意味する Business-to-
business の略称であり、組織と個人の取引を意味する B2C（Business-to-
consumer）と対比して用いられる用語である。B2C マーケティングは主として、
企業と最終消費者の取引に焦点を合わせており、それには例えば、小売企業と買
物客の取引や、サービス企業と消費者の取引などが含まれる。それに対して、
B2B マーケティングの射程範囲には、部品や原材料などの生産財[4]を取り扱う売

手と買手の取引はもちろんのこと、消費財を取り扱う製造業者と小売業者の取引や、輸出企業と輸入企業の取引も含まれる（Grewal and Lilien, 2012）。B2B の取引は、B2C の取引に比べると相対的に少数の買手が存在する、販売・購買に際しては売手と買手の双方に専門的な知識が求められる、購買前の交渉過程から購買後の修理・保守・点検に至るまでの購買過程が複雑である、および、取引が継続的・反復的になりやすいといったことが挙げられる（Webster, 1991; 髙嶋・南, 2006）。B2B 取引における売手企業の多くは、デュアル・チャネルを、企業が採りうる代替的なチャネル構造のうちの 1 つの選択肢として考慮に入れているし、実際にデュアル・チャネルを選択する企業も数多い。B2B 取引を行う企業に対してサーベイ調査を実施した近年の研究（Kabadayi, 2011; Takata, 2019）によると、日本の生産財流通では、72% の企業（大規模企業、平均従業員数は1,910名）が、米国の生産財流通では、54% の企業（小規模企業、平均従業員数は71名）が、デュアル・チャネルを選択している。

　とりわけ、本書の実証分析では、B2B マーケティングの中でも、生産財流通の文脈に焦点を合わせている。我が国の生産財流通に着目することは、それ自体、マーケティング・チャネル論において意義深いことであると考えられる。というのも、「日本のマーケティングや流通論はこれまで、消費財を主たる対象として」（矢作, 1996, p. 265）いて、「通常、チャネルについて論じられる際、特に念頭に置かれているのは消費財のチャネル」（髙橋, 2012, p. 3）であり、生産財流通を取り扱った研究は数少ないと考えられるからである[5]。我が国において生産財流通を取り扱った研究が相対的に少ないということは、生産財流通に比して、消費財流通の方が重要であるということを意味しないであろう。例えば、我が国の卸売流通において、卸先が生産財使用者である生産財流通の方が、卸先が小売業者である消費財流通に比して、年間商品販売額が約60% 上回っている（日本経済産業省「平成26年商業統計調査」）。このように、日本の生産財流通は、販売額に基づくと極めて重要であると考えられるにもかかわらず、それほど注目を浴びてこなかった。こうした生産財流通に焦点を合わせることによって、マーケティング・チャネル研究の進展に貢献しようと試みる点は、本書の特徴の 1 つであると言いうるであろう。

4．本書の構成

　本書は、次章第2章の「マーケティング・チャネル研究の現状と課題」、第3章の「資源と能力に関する理論の検討」、第4章の「実証研究Ⅰ―デュアル・チャネルの選択―」、第5章の「実証研究Ⅱ―デュアル・チャネルにおける対立―」、第6章の「実証研究Ⅲ―デュアル・チャネルと成果―」、第7章の「知見と含意」、および、第8章の「限界と課題」によって構成される。

　第2章「マーケティング・チャネル研究の現状と課題」においては、マーケティング・チャネル研究について現状を把握し、その課題を指摘する。具体的には、第1節において、マーケティング・チャネル研究の全体的な動向を概観する第2節において、チャネル選択に関する研究について概観する。第3節において、チャネル対立に関する研究について概観する。そして最後に、第4節において、マーケティング・チャネル研究、とりわけ、デュアル・チャネル研究が抱える問題を指摘し、今後取り組むべき研究課題を提示する。

　第3章「資源と能力に関する理論の検討」においては、企業特殊的な資源・能力に関連した理論である、資源ベース論、ケイパビリティ論、および、関係論を検討する。具体的には、第1節において、資源ベース論に関する研究を概観し、その主張や理論構造を検討する。加えて、それに関連した研究群として、市場志向論、企業家志向論、および、知識吸収能力論について概観する。第2節において、ケイパビリティ論に関する研究を概観し、その主張や理論構造を検討する。第3節において、関係論に関する研究を概観し、その主張や理論構造を検討する。そして最後に、第4節において、資源ベース論、ケイパビリティ論、および、関係論の比較検討を行い、これらの共通点や相違点について議論する。さらに、これらの諸理論と本書における実証研究の対応関係を示す。

　第4章においては、「実証研究Ⅰ―デュアル・チャネルの選択―」と題して、問題Ⅰに取り組むための実証研究を展開する。具体的には、第1節において、実証研究Ⅰの問題意識を提示する。具体的には、既存研究が、海外市場におけるデュアル・チャネルの選択に対して、ケイパビリティ要因が及ぼす影響を検討し

ていないという問題を抱えていると指摘する。第2節において、第1節で指摘された問題に対応するための概念モデルを構築し、新仮説を提唱する。第3節において、第2節で提唱された新仮説を経験的にテストするための、実証分析の方法を提示する。第4節において、実証分析の結果を提示する。そして最後に、第5節において、実証分析の結果について考察する。

　第5章においては、「実証研究Ⅱ―デュアル・チャネルにおける対立―」と題して、問題Ⅱに取り組むための実証研究を展開する。具体的には、第1節において、実証研究Ⅱの問題意識を提示する。具体的には、既存研究が、対立の管理方策の効果を促進する要因を同定していないという問題を抱えていると指摘する。第2節において、第1節で指摘された問題に対応するための概念モデルを構築し、新仮説を提唱する。第3節において、第2節で提唱された新仮説を経験的にテストするための、実証分析の方法を提示する。第4節において、実証分析の結果を提示する。そして最後に、第5節において、実証分析の結果について考察する。

　第6章においては、「実証研究Ⅲ―デュアル・チャネルと成果―」と題して、問題Ⅲに取り組むための実証研究を展開する。具体的には、第1節において、実証研究Ⅲの問題意識を提示する。具体的には、既存研究が、デュアル・チャネルがチャネル成果に対して及ぼす影響を検討していないという問題を抱えていると指摘する。第2節において、第1節で指摘された問題に対応するための概念モデルを構築し、新仮説を提唱する。第3節において、第2節で提唱された新仮説を経験的にテストするための、実証分析の方法を提示する。第4節において、実証分析の結果を提示する。そして最後に、第5節において、実証分析の結果について考察する。

　第7章「知見と含意」においては、本書において展開された3つの実証研究の知見を振り返るとともに、その実務的な含意について議論する。具体的には、第1節において、デュアル・チャネルの選択に関する本書の研究知見と、実務的含意について議論する。第2節において、デュアル・チャネルにおける対立に関する本書の研究知見と、実務的含意について議論する。そして最後に、第3節において、デュアル・チャネルと成果に関する本書の研究知見と、実務的含意について議論する。

　第8章においては、本書の締めくくりとして、本書の限界、および、今後の研究課題を提示する。具体的には、第1節において、本書における実証研究の限界について議論する。そして、第2節において、今後のマーケティング・チャネル研究が取り組むべき、いくつかの研究課題を提示する。

(1)「流通チャネル」と「流通システム」はいずれも、流通をマクロ的な視点から捉えた際に用いられる用語であるが、前者は、特定の商品の流通を指す場合に用いられ、後者は、財やサービス一般の社会的移転プロセスとしての流通を指す場合に用いられる（矢作, 1996）。

(2)マーケティング・チャネルという用語と同様に、ミクロの視点から捉えた流通を指して、「配給経路」という用語も用いられる。荒川（1965）によると、配給経路は、「特定の組織体特に製造企業に即して、その企業の生産物の流通する経路を客観的に認識したとき」（p. 74）に得られる概念であり、マーケティング・チャネルは、「組織体の意思決定者の行為の観点から政策対象として当該企業の生産物流通をめぐる諸関連のひろがりを認識したとき」（p. 74）に得られる概念である。こうした概念的定義から汲み取れるように、マーケティング・チャネルという用語は、配給経路という用語に比べて、個別企業のマーケティング目的のための政策対象ないし操作対象としての流通という点を強調する際に用いられる（風呂, 1968）。

(3)マーケティング・チャネル研究においては、「統合チャネル（integrated channel）」と「直接チャネル（direct channel）」という用語、および、「独立チャネル（independent channel）」と「間接チャネル（indiret channel）」という用語はそれぞれ、通常、相互互換的に用いられる。なぜなら、焦点の企業によって所有権的に統合された主体を媒介して販売することは、当該企業が顧客に直接販売することを意味し、当該企業とは所有権的に独立した主体を媒介して販売することは、彼らを通して顧客に間接販売することを意味するからである。ただし、狭義の意味において、直接チャネルという用語は、当該企業によって所有権的に統合された子会社を含めず、当該企業と顧客の直取引のみを指すことがある。このように、直接チャネルという用語は若干の多義性を有するため、本書は、統合チャネル、および、それと対を成す独立チャネルという用語を用いる。

(4)米国マーケティング協会（AMA: American Marketing Association）の定義によると、生産財とは、「最終消費者に向けて主に販売される財とは対照的に、主に他の製品を生産するのに使用する、あるいは、サービスを提供するのに使用するために販売される財」である。なお、生産財という用語は、当該製品が他の産業において使用されるという意味を強調して、産業財という用語で代替されることもある。

(5)ただし、国外のチャネル研究者たちは、研究対象として、消費財流通よりも、生産財流通を扱う傾向にあると指摘されることもある（Jindal, Reinartz, Kraff, and Hoyer, 2007, p. 18）。それゆえ、ここでの議論は、あくまで、日本国内における研究に限定したものであるということに注意するべきである。

第2章 マーケティング・チャネル研究の現状と課題

　マーケティング・チャネル研究は、個別企業のチャネル構造や企業間の取引関係にかかわる多様な現象に焦点を合わせてきた。本書の主題であるデュアル・チャネルも、個別企業が採りうるチャネル構造の一形態であるため、マーケティング・チャネル研究に位置づけられる。本章の目的は、マーケティング・チャネル研究の中で、デュアル・チャネルに着目した研究がどのように展開されてきたのかを概観し、そうした研究が抱える問題を指摘したうえで、残された研究課題を明確化することである。

　この目的に照らして、本章は、次のように構成される。まず第1節において、マーケティング・チャネル研究の全体的な動向を概観し、デュアル・チャネルに関する研究が、チャネル選択とチャネル対立という2つの研究領域において展開されてきたということを示す。これを踏まえて、次の第2節において、チャネル選択に関する研究を概観し、続く第3節において、チャネル対立に関する研究を概観する。そして最後に第4節において、マーケティング・チャネル研究、とりわけ、デュアル・チャネル研究が抱える問題を指摘し、残された研究課題を明確化する。

1. マーケティング・チャネル研究の潮流

　マーケティング・チャネルに関する研究は、20世紀初頭に始まったと見なすことができる（Anderson and Coughlan, 2002）。初期のマーケティング研究者あるいはチャネル研究者たちは、流通機能の分類に取り組んできた[1]（e.g., Shaw, 1912; Weld, 1917; Duncan, 1920; Clark, 1922; White, 1927; Breyer, 1934）。そうした初期の研究者たちは、これまでに、流通機能として、販売や交渉のような所有権機能、輸送や保管のような物流機能、金融や危険負担のような危険負担機能、それらの機能を補助する情報機能[2]などを挙げてきた。そして、マーケティング・チャネルが、生産と消費の橋渡し役であり、さまざまな機能を担うことで交換を生み出していることを示してきた。

　20世紀中盤に入ると、その後のマーケティング・チャネル研究に対して極めて大きな影響を及ぼすことになる2冊の著書が公刊された。それらはすなわち、Bucklin（1966）による *A Theory of Distribution Structure* と、Stern（1969）による *Distribution Channels: Behavioral Dimensions* のことである（Kraff, *et al.*, 2015; Watson, Stefan, Palmatier, and Ganesan, 2015）。マーケティング・チャネル研究において、Bucklin（1966）は、経済学アプローチが発展する契機となり、Stern（1969）は、行動科学的アプローチが発展する契機となったのである。具体的にはまず、1970年代以降、Stern（1969）の影響を受けて、パワーや対立という観点からチャネル関係の管理問題に取り組む研究が盛んに行われるようになった（cf. Reve and Stern, 1979; Gaski, 1984; Hunt, Ray, and Wood, 1985）。そうした研究として、例えば、制裁のような強制的パワーと専門性のような非強制的パワーを比較した研究（e.g., Lusch, 1976a; Wilkinson, 1981; Gaski and Nevin, 1985）や、チャネル・メンバー間の目標の不一致、役割に関する意見の相違、現実についての認識の差異のような対立の発生原因に関する研究（e.g., Rosenberg and Stern, 1971; Etgar, 1979; Eliashberg and Michie, 1984）などが挙げられる。これらの研究は、製造業者がチャネル・リーダーとして機能し、パワーによって他のチャネル・メンバーの行動を統制することを仮定していた。

　しかしながら、現実世界においては、1980年代以降、製造業者から流通業者へのパワーシフトが生じ、売手−買手間において、製販同盟やパートナーシップのような協調関係を生成する動きが見られ始めた。こうした現実的な状況に対応し、Dwyer, Schurr, and Oh（1987）を嚆矢として、売手−買手間の協調的な関係に着目する研究が登場してきた（e.g., Anderson and Weitz, 1989; Heide and John, 1990; Heide, 1994; Corsten and Kumar, 2005; Ono and Kubo, 2009）[3]。そうした研究はいずれも、売手企業と買手企業のダイアド関係における成果を、チャネル成果として捉えて、その規定要因を探究している。例えば、信頼とコミットメントに着目した研究（e.g., Morgan and Hunt, 1994; Andaleeb, 1996）や、関係的規範に着目した研究（e.g., Heide and John, 1992; Lusch and Brown, 1996）などが挙げられる。近年は、パワー、依存、信頼、関係的規範、関係特殊資産のような、これまで別々に取り扱われてきた概念間の関連性を吟味したり、影響力の比較を行ったりする研究が行われている。例えば、結城（2007）は、パワーと信頼を、取引相手への同調水準を規定する鍵概念として捉えたうえで、さらに、それら2つの概念は組織間の情報処理能力の差異によって規定されることを見出した。また、Palmatier, et al.（2007）は、信頼、依存、関係特殊資産、および、規範という関係成果を高めうる4つの要因のうち、関係特殊資産と信頼が取引成果を直接的に規定する要因であることを見出した。そして、彼らは、Dyer and Singh（1998）の関係論に依拠した資源ベースアプローチを、経験的に高い説明力を有する統合的なアプローチとして位置づけた。

　Stern（1969）を嚆矢とした一連の研究の焦点が、すでに形成された、現在進行中のチャネル関係の管理であったのに対して、1980年代以降、そうしたチャネル関係を管理する前に行われる意思決定、すなわち、チャネル選択に関する意思決定に焦点を合わせた研究が盛んに行われるようになった。その原動力となったのは、Bucklin（1966）に続く、経済学ベースのチャネル研究であり、具体的には、取引費用理論（Coase, 1937; Williamson, 1975, 1985）を援用した研究であった。チャネル研究者たちは、取引費用理論を援用して、流通活動を行う際に、企業は統合チャネルと独立チャネルのいずれを選択するのかという問題に取り組んできた。これに関して、現在に至るまで、数多くの実証研究が行われており（e.g., Anderson and Schmittlein, 1984; John and Weitz, 1988; Klein, et al., 1990）、それら

の研究によって、資産特殊性、行動の不確実性、および、環境の不確実性が、チャネル構造の選択に影響を及ぼすということが見出されてきた。近年は、ケイパビリティ論（e.g., 久保, 2003a; 髙田, 2009）、市場パワー論（e.g., Shervani, Frazier, and Challagalla, 2007）、制度理論（e.g., Campa and Guillén, 1999）、あるいは、制御焦点理論（e.g., 久保, 2018）など、他の諸理論を援用することによって、取引費用分析の精緻化を図る試みが盛んに行われている。

　2000年代以降、チャネル研究の中で特に注目を浴びているトピックは、マルチ・チャネルである[4]。それまでの研究の大半は、チャネル構造やチャネル関係の問題に取り組む際に、売手企業が複数種類のチャネルの中から1種類のチャネルを選択する、すなわち、シングル・チャネルを選択すると仮定していた。しかしながら、2000年代以降、国内市場においても（Webb and Hogan, 2002; Webb and Lambe, 2007; Coelho and Easingwood, 2008）、海外市場においても（McNaughton, 2002; Oliveira, *et al.*, 2018）、売手企業が、複数種類のチャネルを選択する、すなわち、マルチ・チャネルを選択するという動きが盛んになってきた[5]。こうした現実世界の動向に鑑みて、学術界においても、マルチ・チャネルに焦点を合わせた研究が展開されるようになってきた。実際、マーケティング研究における学術雑誌、例えば、*Journal of Interactive Marketing*（2005年3月号）、*Industrial Marketing Management*（2007年1月号）、あるいは、*Journal of Retailing*（2015年6月号）においては、マルチ・チャネルをテーマとした特集号が組まれている。さらに、マルチ・チャネルに関する研究の必要性が高まるのに伴って、マルチ・チャネルの一形態であるデュアル・チャネルに着目した研究も展開され始めている。具体的には、チャネル選択の研究領域においては、デュアル・チャネルを、企業が採りうるチャネル構造の選択肢の1つとして考慮に入れた研究が登場している（e.g., McNaughton, 2002; Kabadayi, 2008, 2011; Takata, 2019）。また、チャネル対立の研究領域においては、デュアル・チャネルを採用する企業が直面しうる、チャネル間の対立に着目した研究が展開されている（e.g., Sa Vinhas and Anderson, 2005, 2008; Sa Vinhas and Heide, 2015）。このような研究努力が行われているものの、マルチ・チャネルやデュアル・チャネルの研究分野には、今後取り組まれるべき研究課題が未だに数多く残されており、そうした研究課題に取り組むことが大いに期待されているのである（e.g., Rindfleisch, *et al.*,

2010; Sa Vinhas, *et al.*, 2010; Hoppner and Griffith, 2015; Krafft, *et al.*, 2015)。

　以上、マーケティング・チャネル研究の全体的な動向を時系列的に振り返った。初期の既存研究は主として、流通機能の分類に取り組んできた。続いて既存研究は、パワー、コンフリクト、信頼、資産特殊性、あるいは、不確実性のような多様な概念を用いて、現在進行中のチャネル関係の管理に関する問題や、そうしたチャネル関係の管理問題の前段階におけるチャネル構造の選択問題に取り組んできた[6]。特に1980年代以降は、売手と買手の協調的関係を前提として、チャネル成果に焦点を合わせた研究が盛んに行われてきた。さらに、近年、チャネル研究者たちは、マルチ・チャネルに関する研究を進展させてきた。そして、本書の主題であるデュアル・チャネルを取り扱った研究は、チャネル選択の研究領域、および、チャネル対立の研究領域において展開されてきた。これを踏まえて、続く第2節および第3節においては、チャネル選択に関する研究、および、チャネル対立に関する研究を詳しく概観したい。

2．チャネル選択に関する研究

　チャネル選択[7]は、チャネル戦略の策定・実行を行う際に、企業が初めに直面する重要な意思決定であり、チャネル構造[8]の選択とも呼ばれる。これには、チャネル構造に関する意思決定、具体的には、チャネル段階数やチャネル強度[9]に関する意思決定が含まれるが、その中でも、本節では、チャネル段階数の意思決定に焦点を合わせる[10]。チャネル段階数に関する意思決定とは、売手企業によって生産された財やサービスが消費者の手元に至るまでの流通過程において、売手企業が、流通活動を担う機関（すなわち、卸売業者や小売業者などの流通業者）の数をいくつにするのかを決定することである。換言すれば、これは、売手企業が、流通活動を自社で自ら行うのか、それとも、他社に委託するのかという垂直統合の問題でもある。

◉──2-1　初期の研究

　チャネル選択に関する先駆的かつ代表的な研究は、Aspinwall（1962）である。彼は、5つの製品特性に着目し、それらの特性によって、企業が統合チャネルと独立チャネルのいずれを選択するのかが決定されると主張した。具体的には、彼は、取替率が低く、利益率が高く、カスタマイゼーションが必要で、長期間にわたって使用され、商品の探索に時間がかかるという特徴をもつ製品を取り扱う場合には、企業は、統合チャネルを選択し、その逆の特徴をもつ製品を取り扱う場合には、独立チャネルを選択すると主張した。Miracle（1965）は、製品特性だけでなく、顧客特性、具体的には、当該製品の購買重要性と顧客の購買努力必要性を、チャネル選択の規定要因として同定した。そして、彼は、顧客にとって当該製品が重要である場合、あるいは、購買に際して顧客の努力が必要である場合には、企業は、統合チャネルを選択し、そうでない場合には、独立チャネルを選択すると主張した。

　Bucklin（1966）は、延期－投機の理論に依拠して、チャネル選択の問題に取り組んだ。彼は、延期的チャネルを直接配達、投機的チャネルを間接配達と見なしたうえで、延期が非経済的である場合には、企業は、投機的チャネル、すなわち、直接配達を選択すると主張した。具体的には、買手が求める配達時間が短い場合、延期的チャネルを用いて在庫費用を節約するのは、非経済的であるため、企業は直接配達を選択すると主張した。

　以上の研究が概念的な研究であったのに対して、Lilien（1979）は、定量的なデータを用いてチャネル選択の問題に取り組んだ経験的な研究である。彼が使用したデータは、ADVISOR 2と呼ばれるプロジェクトにおいて収集された、生産財企業を対象とした大規模な調査データであった[11]。彼は、それまで、チャネル選択に関する概念的な研究で取り扱われてきた要因のうち、企業規模、注文量、技術的複雑性、製品ライフサイクル、製品標準性、および、購買頻度に焦点を合わせて、それらの要因がチャネル選択に及ぼす影響を経験的に分析した。分析の結果、企業規模が大きいほど、注文量が多いほど、技術的に複雑な購買であるほど、製品ライフサイクルが後期にあるほど、製品が標準化されていないほど、

購買頻度が低いほど、生産財企業は、統合チャネルを選択する（あるいは、選択するべきである）ことが見出された[12]。

◉── 2-2　取引費用理論を用いた研究

　チャネル選択に関する研究において、1980年代以降、とりわけ盛んに行われているのは、取引費用理論に依拠した実証研究である（e.g., Anderson, 1985; Anderson and Coughlan, 1987; John and Weitz, 1988; Klein, *et al.*, 1990）。取引費用理論は、Coase（1937）が提唱し、Williamson（1975, 1985）が操作化・精緻化した理論である。取引費用とは、取引相手を探索する費用、取引相手と取引条件を交渉する費用、および、取引相手の活動を監視する費用のことを指す（Williamson, 1975）。Williamson（1975, 1985）の主張を要約すると、次のように要約される。まず、取引主体には、機会主義と限定合理性という行動仮定が置かれている。ただし、機会主義とは、私利私欲を陰険に追求することを指し、限定合理性とは、合理的であろうとするがその程度は限られていることを指す。これらの仮定が置かれた取引主体は、資産特殊性が高い場合、あるいは、取引を取り巻く不確実性が高い場合には、取引のガバナンス形態として、市場ではなく企業組織を選択する。ただし、資産特殊性とは、他の取引に用いられるとその価値が失われてしまうような投資が行われている程度のことであり、不確実性とは、将来生じうる出来事を把握するのが困難な程度のことである。

　チャネル研究者たち（e.g., Anderson, 1985; Anderson and Coughlan, 1987; John and Weitz, 1988; Klein, *et al.*, 1990）は、取引費用理論における、市場と企業組織というガバナンス形態を、それぞれ、独立チャネルと統合チャネルに対応するものとして捉えてきた。そのうえで、取引費用理論を用いて、「製造業者は、独立チャネルと統合チャネルのいずれを選択するのか」という問題に取り組んできた。取引費用理論をチャネル選択の問題に援用した先駆的な実証研究は、Anderson（1985）である。彼女は、製造業者が各テリトリーにおける販売活動を、自社従業員（統合チャネル）で行うのか、それとも、他社販売員（独立チャネル）に委託するのかという問題を取り扱った。ただし、ここでの他社販売員とは、レップと呼ばれる、製品の所有権を獲得しないで営業活動のみを行う中間業者の販売員の

ことである。電子部品製造業に従事する159名の販売マネジャーから収集された
データを分析した結果、行動の不確実性と環境の不確実性は、自社販売員の選択
に正の影響を及ぼすことが見出された。また、資産特殊性が自社販売員の選択に
及ぼす影響は混合的であることが見出された。具体的には、資産特殊性の7つ
の代理変数のうち、機密情報の取扱と顧客知識の必要性という2つの変数は、自
社販売員の選択に対して正の影響を及ぼす一方、顧客ロイヤルティは負の影響を
及ぼすことが見出された。

　Anderson（1985）が国内流通に焦点を合わせていたのに対して、Anderson
and Coughlan（1987）は、海外流通に焦点を合わせた。彼らは、生産財製造業
者が、海外顧客に対して自社製品の輸出を行う際に、現地法人や自社流通部門の
ような統合チャネルを選択するのか、それとも、外部販売代理店や流通業者のよ
うな独立チャネルを選択するのかという問題に取り組んだ。半導体を輸出する米
国の製造業者94部門から収集されたデータを分析した結果、資産特殊性が統合
チャネルの選択に正の影響を及ぼすことが見出された[13]。

◉——2-3　ケイパビリティ論を用いた研究

　取引費用理論と同様に、ケイパビリティ論（Langlois and Robertson, 1995;
Madhok, 1997; Sharma and Erramilli, 2004）は、経済学に基礎を置く理論である。
Langlois and Robertson（1995）は、企業間でケイパビリティが異なるという仮
定の下で取引を困難化させる費用として、動的取引費用に着目した。動的取引費
用とは、「外部サプライヤーにたいして、説得、交渉、コーディネーション、そし
て教示を行う費用」（Langlois and Robertson, 1995, 邦訳, p. 65）、あるいは、「必要
とするときに、必要なケイパビリティをもたないことに起因する費用」（ibid, 邦
訳, p. 65）と定義される。動的取引費用の概念を用いて、Langlois and
Robertson（1995）は、企業は、ある活動を遂行するのに際して、動的取引費用
が低い場合には当該活動を外注し、動的取引費用が高い場合には、その費用を節
約するために当該活動を内製すると主張した。

　Langlois and Robertson（1995）のケイパビリティ論をチャネル選択問題に援
用した実証研究として、久保（2003b）が挙げられる[14]。久保（2003b）は、チャ

ネル構造を所有権統合度と調整統合度の二次元で捉えたうえで、それらの規定要因として、相対的有能性と暗黙知度というケイパビリティ要因に着目した。多様な業種に属する日本の製造業者138事業部から収集されたデータを分析した結果、(卸売業者の) 相対的有能性は、調整統合度に負の影響を及ぼし、卸売活動遂行のためのケイパビリティの暗黙知度は、調整統合度に負の影響を及ぼすということが見出された。統合チャネルは、所有権統合度と調整統合度が高いチャネルであり、独立チャネルは、これらが低いチャネルであると見なされるため、この分析結果は、2つのケイパビリティ要因が、統合チャネルの選択に負の影響を及ぼすことを示唆している。

また、海外市場を想定し、ケイパビリティとチャネル選択問題について検討した研究として、He, *et al.* (2013)やPehrsson(2015)が挙げられる。He, *et al.* (2013)は、輸出市場における市場志向能力、すなわち、輸出市場志向能力というケイパビリティ要因に着目した。これは、輸出市場において、市場情報の生成、市場情報の普及、および、市場情報への反応を効率的に行う能力のことを指す (Cadogan and Diamantopoulos, 1995; Cadogan, *et al.*, 2009)。He, *et al.* (2013) は、輸出市場志向能力の高い製造業者は、情報収集に熟達しているため、自ら情報を収集するべく、統合チャネルを選択することを見出した。Pehrsson (2015) は、輸出市場志向能力に加えて、輸出企業家志向能力というケイパビリティ要因にも着目した。輸出企業家志向能力は、輸出市場における探索、発見、実験、リスク志向、および、革新によって特徴づけられる市場駆動能力のことを指す (He and Wong, 2004; Cadogan, *et al.*, 2016)。Pehrsson (2015) は、輸出市場志向能力を構成する3つの次元のうち、市場情報の生成は統合チャネルの選択に正の影響を及ぼす一方、市場情報の普及は負の影響を及ぼすことを見出した。加えて、輸出企業家志向能力を構成する3つの次元のうち、革新性および積極性は、統合チャネルの選択に正の影響を及ぼすことを見出した。

◉── 2-4　デュアル・チャネルに関する研究

以上に概観されたチャネル選択に関する既存研究は、企業が、統合チャネルと独立チャネルの双方、すなわち、デュアル・チャネルを選択することをそもそも

考慮に入れていないか（e.g., Anderson and Coughlan, 1987）、あるいは、現実的にそうした企業が存在することを考慮に入れているものの、仮説提唱や実証分析においてデュアル・チャネルを明示的には研究対象にしてこなかった（e.g., Anderson, 1985）[15]。それに対して、1990年頃から、デュアル・チャネルという選択肢を、企業が採りうるチャネル構造の１つとして考慮に入れて、その規定要因を理論的・経験的に探究するという試みが行われてきた[16]。

　デュアル・チャネルに関する端緒的な実証研究は、国内市場におけるチャネル選択問題に取り組んだ John and Weitz（1988）、および、海外市場における輸出チャネルの選択問題に取り組んだ Klein, et al.（1990）である。まず、John and Weitz（1988）は、取引費用理論に依拠してチャネル選択問題に取り組んだ。なお、独立チャネルとして想定したのは、製品の所有権を獲得し製品の在庫を持つ流通業者であった。彼らは、大半の企業は、統合チャネルと独立チャネルの双方を使用していると指摘したうえで、デュアル・チャネルを、統合チャネルと独立チャネルの中間形態として位置づけた。多様な産業に属する米国の製造業者87社から収集されたデータを分析した結果、注文の獲得までに時間が掛かる（行動の不確実性が高い）ほど、市場シェアや需要が不安定な（環境の不確実性が高い）ほど、および／あるいは、販売地域の顧客密集度が高いほど、製造業者は、独立チャネルではなくデュアル・チャネルを選択する傾向にあることが見出された。

　Klein, et al.（1990）は、他の大半の既存研究と同様に、統合チャネルと独立チャネルという二者択一のチャネル選択問題について仮説を提唱した。しかしながら、データの収集に際して、統合チャネルと独立チャネルの双方を選択している企業、すなわち、デュアル・チャネル企業が観察されたため、事後的に、デュアル・チャネルの選択に影響を及ぼす要因を検討した。具体的には、生産費用要因に分類される取引量、取引費用要因に分類される資産特殊性、市場多様性、および、市場変動性がデュアル・チャネルの選択に及ぼす影響を分析した。金属、消費財、および、化学のような多様な産業に属するカナダの輸出企業105社から収集されたデータを分析した結果、生産費用要因である取引量は、デュアル・チャネル（対 独立チャネル）の選択に正の影響を及ぼすものの、３つの取引費用要因は、統計的に有意な影響は及ぼさないことが見出された。彼らは、取引費用要因の影響が非有意であったのは、分析に用いられた105社のサンプルのうち、

デュアル・チャネル企業が29社と相対的に少なかったからではないかと考察した。そして、さらに今後、デュアル・チャネルに焦点を合わせた実証研究を展開することが急務であると指摘した。

John and Weitz（1988）および Klein, et al.（1990）は、他の研究に先立って、デュアル・チャネルを選択している企業を考慮に入れた実証研究であるという点において高く評価することができる。しかしながら、彼らは、仮説の提唱に際しては、デュアル・チャネルについて明示的には言及しておらず、デュアル・チャネルの選択を理論的に探究していないという点において問題を抱えている。

それに対して Dutta, et al.（1995）は、デュアル・チャネルという選択肢の規定要因を探究することに焦点を合わせたという点において先駆的な研究である[17]。彼らは、取引費用理論に依拠してその規定要因を探究した。具体的には、生産財における販売員を対象にして、製造業者がデュアル・チャネル（対 独立チャネル）を選択する要因を探究し、2つの取引費用要因、すなわち、関係特定的投資および行動の不確実性が大きいほど、独立販売員に加えて自社の販売員を併用する（デュアル・チャネルを選択する）と仮説化した。

第1の取引費用要因である関係特定的投資とは、他の取引に使用されると価値が低下してしまうような投資のことである。製造業者が関係特定的投資を他社の販売員に対して行うと、その販売員を他の販売員に代替することが困難になってしまう。このような状況においては、他社の販売員は機会主義的に行動する可能性があるため、製造業者が他社の販売員を用いる費用は高くついてしまう[18]。この問題の古典的な解決策は、他社の販売員をすべて自社の販売員に置き換えることである（Williamson, 1985）。しかし、Dutta, et al. は、すべてではなく、部分的に自社の販売員に置き換えることが、代替的な解決策になると述べた。彼らによると、製造業者は、他社の販売員に加えて自社の販売員を併用することによって、もし必要ならば他社の販売員をすべて自社の販売員に置き換えることができるというシグナルを、他社の販売員に発信できる。したがって、Dutta, et al. は、関係特定的投資が大きいほど、製造業者はデュアル・チャネルを選択する可能性が高いと仮説化した。以上のような仮説の論理は、図2−1に示すとおりである。

第2の取引費用要因である行動の不確実性とは、他社が事前の取引に基づいて適切に活動を遂行しているか否かや成果を挙げているか否かを測定することが

図2-1　関係特定的投資によるデュアル・チャネル選択の論理

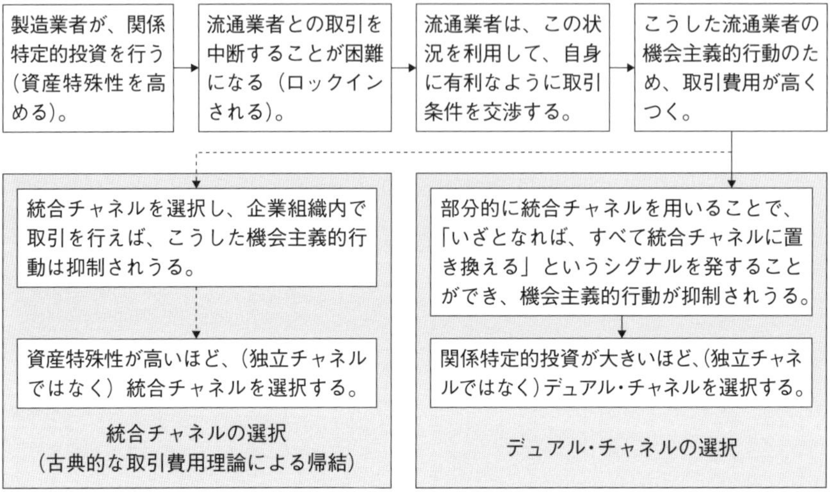

| 製造業者が、関係特定的投資を行う（資産特殊性を高める）。 | 流通業者との取引を中断することが困難になる（ロックインされる）。 | 流通業者は、この状況を利用して、自身に有利ように取引条件を交渉する。 | こうした流通業者の機会主義的行動のため、取引費用が高くつく。 |

| 統合チャネルを選択し、企業組織内で取引を行えば、こうした機会主義的行動は抑制されうる。 | 部分的に統合チャネルを用いることで、「いざとなれば、すべて統合チャネルに置き換える」というシグナルを発することができ、機会主義的行動が抑制されうる。 |

| 資産特殊性が高いほど、（独立チャネルではなく）統合チャネルを選択する。 | 関係特定的投資が大きいほど、（独立チャネルではなく）デュアル・チャネルを選択する。 |

統合チャネルの選択
（古典的な取引費用理論による帰結）

デュアル・チャネルの選択

困難である程度のことである。行動の不確実性が大きい時、他社の販売員は、製造業者との情報の非対称性を利用し、機会主義的に行動する可能性があるため、製造業者が他社の販売員を用いる費用は、高くついてしまう。この問題の古典的な解決策も、他社の販売員をすべて自社の販売員に置き換えることである（Williamson, 1975）。しかし、Dutta, *et al.* は、部分的に自社の販売員に置き換えることが代替的な解決策になると述べた。製造業者は、他社の販売員に加えて自社の販売員を併用することによって、他社の販売員が機会主義的な行動をとらないよう監視できるのと同時に、他社の販売員の成果を評価する適切な知識を得ることもできる。したがって、Dutta, *et al.* は、行動の不確実性が大きいほど、製造業者はデュアル・チャネルを選択する可能性が高いと仮説化した。電気技術ないし機械産業に属する米国の販売代理店199社から収集されたデータを分析した結果、主要な仮説は支持された[19]。

Dutta, *et al.* と同様に、Mols（2000）は、取引費用理論に依拠して、デュアル・チャネルの選択に影響を及ぼす要因を探究した。彼は、デュアル・チャネルの選択に関する11の命題を提示した。**表2-1**に示すとおり、これらの命題はそれぞれ、資産特殊性、行動の不確実性、取引頻度、制度的環境、および、雰囲気の5

表2-1	Mols（2000）による11の命題	
命題	デュアル・チャネルの選択に影響を及ぼす要因	関連する 取引費用要因
命題1	製品情報および製品カスタマイゼーションに対して最終顧客の需要が異質である程度	資産特殊性
命題2	製造業者が最終顧客の情報にアクセスする重要性	
命題3	2つの地域において、資質のある適切な個人や流通業者の数が異なる程度	
命題4	新製品、新しい手続き、あるいは、非販売活動の開発やテストの必要性	
命題5	独立チャネルのみを用いた場合にセーフガードの信頼性が傷つく可能性	
命題6	流通業者と協調するための手続きに関する不確実性	行動の 不確実性
命題7	内部運営から得られる情報が、外部運営のためのベンチマークとして有効である程度	
命題8	需要の不安定性	取引頻度
命題9	異なる地域における顧客密度や市場シェアの異質性	
命題10	2つの地域において制度的な環境が異なる程度	制度的環境
命題11	独立チャネルと統合チャネルを用いた場合に発生しうる建設的な対立の程度	雰囲気

種類の取引費用要因のいずれかと関連している[20]。例えば命題1は、資産特殊性と関連した命題である。Molsによると、企業は、高水準の製品情報や高度なカスタマイゼーションを提供する場合には、関係特定的投資が必要であるため、統合チャネルを選択する一方、そうでない場合には、関係特定的投資は不要であるため、独立チャネルを選択する。そして、情報やカスタマイゼーションに対する最終顧客のニーズが顧客間で異なるのであれば、企業は、多様なニーズに対応するために、デュアル・チャネルを選択する。

　Kabadayi（2008）も、Dutta, et al.（1995）と同様に取引費用理論に依拠して、デュアル・チャネルの選択の規定要因を探究した。彼は、Dutta, et al.（1995）が取り扱った取引費用要因である関係特定的投資と行動の不確実性に加えて、環境の不確実性にも着目した。環境の不確実性とは、製造業者にとって環境の変化が予測できない程度のことである。Kabadayi（2008）によると、環境の不確実性が大

きくなると、製造業者と中間業者の間の情報の非対称性が大きくなり、中間業者が機会主義的行動を採用する可能性が高まる。この時、製造業者は、市場情報を直接的に入手し、そうした情報の非対称性を解消するために、統合チャネルを追加するとKabadayi（2008）は仮説化した。電子部品ないしコンピューター機器産業に属する米国の製造業者189社、および、同産業に属する台湾のOEM企業98社から収集されたデータを分析した結果、この仮説は支持された。

　Kabadayi（2011）は、取引費用理論に基づいて、デュアル・チャネル選択の規定要因を探究するだけではなく、チャネル選択と成果の関係も探究した。彼は、資産特殊性、行動の不確実性、および、環境の不確実性の水準の高低に応じたチャネルを選択している企業と、そうでない企業を比較した。具体的には、これら3つの取引費用要因の水準が高い場合にはデュアル・チャネルを、それらの水準が低い場合には独立チャネルを選択しているという企業は、そうでない企業に比して、取引費用を低め、利益率への貢献度を高められると仮説化した。電気・電子機器、ゴム、金属産業に属する米国の製造業者229社から収集されたデータを分析した結果、この仮説は支持された。また、3つの取引費用要因がデュアル・チャネルの選択に正の影響を及ぼすことも見出された。

　Dutta, et al.（1995）やKabadayi（2008, 2011）が国内流通に焦点を合わせていたのに対して、McNaughton（2002）は、海外流通に焦点を合わせた。彼は、ソフトウェアや医薬品のような知識集約型産業において、自社製品を海外に流通させている小規模企業によるデュアル・チャネル（対 統合チャネル）の選択問題に取り組んだ。彼は、資産特殊性および環境の不確実性という取引費用要因を、それぞれ2種類に分類して異なる効果を検討した。具体的には、彼は、資産特殊性を、人的特殊資産と物的特殊資産に分類し、環境の不確実性を、環境の変動性と環境の多様性に分類して、それらがチャネル選択に及ぼす影響を探究した。実証分析には、ソフトウェア産業に属するカナダの輸出企業120社から収集されたデータが用いられた。分析の結果、資産特殊性について、物的資産特殊性がデュアル・チャネルの選択に負の影響を及ぼすことが見出された一方、人的特殊資産の有意な影響は見出されなかった。環境の不確実性について、輸出企業は、環境の変動性が大きい時には、中間業者による機会主義的行動の危険性に対応するために、統合チャネルを選択する一方、環境の多様性が大きい時には、多様で専門

的な顧客需要に対応するために、デュアル・チャネルを選択することが見出された。

　Takata（2019）は、デュアル・チャネルの規定要因として、取引費用要因だけではなく、市場志向能力とチャネル・メンバー間の能力差というケイパビリティ要因も取り扱った。さらに、彼は、日本企業は、長期志向や調和を重要視しているため、機会主義的行動をとりにくい一方、学習や知識創造による便益の獲得を追求する傾向にあるということを踏まえて、ケイパビリティ要因は、取引費用要因に比して、デュアル・チャネルの選択に対してより大きな影響を及ぼすと仮説化した。実証分析には、化学、金属、機械、電子機器に属する日本の大規模な生産財製造業者429社から収集されたデータが用いられた。分析の結果、市場志向能力とチャネル・メンバー間の能力差が、デュアル・チャネルの選択に正の影響を及ぼすことに加えて、これらの要因の影響の方が、取引費用要因の影響に比べて、より大きいことが見出された。

　以上、デュアル・チャネルの選択に関する既存研究を概観した。これらの研究は、**表2-2**に示すとおりである。デュアル・チャネルに関する既存研究は、主として取引費用理論に依拠してチャネル選択問題に取り組んでおり、近年、ケイパビリティ論に依拠するという試みを行い始めている。チャネル選択という研究領域においてデュアル・チャネルに着目した既存研究が抱える問題と、今後に残した課題については、第4節において議論したい。

3．チャネル対立に関する研究

　チャネル対立とは、「あるチャネル・メンバーが、自身の目標を達成するのを阻止・妨害するような行動を他のチャネル・メンバーが採っていると知覚している状況」（Stern and El-Ansary, 1988, p.306）と定義される[21]。チャネル対立の水準が高くなると、チャネル・メンバーは互いに協力しなくなり、チャネル成果は下がってしまう。それゆえ、チャネル対立をいかに管理するのかという問題は、マーケティング・チャネル研究における最も大きな関心事項の1つとして見なされてきた[22]。

表2-2	デュアル・チャネルの選択に関する実証研究		
研究	被説明変数	説明変数[分析結果]	調査対象(産業)
Dutta, *et al.* (1995)	デュアル・チャネル vs. 独立チャネル	取引費用要因 ・資産特殊性[+] ・行動の不確実性[+] その他の要因 ・価格プレミアム[n.s.] ・範囲の経済性 [−] ・既存の自社販売員[+] ・製品単価[−] ・顧客規模[n.s.]	米国の販売代理店199社 (電気技術、機械)
McNaughton (2002)	デュアル・チャネル vs. 統合チャネル	取引費用要因 ・人的資産特殊性[n.s.] ・物的資産特殊性[−] ・環境の変動性[−] ・環境の多様性[+] その他の要因 ・取引量[n.s.] ・取引量成長率[+] ・製品カスタマイズ[n.s.] ・輸出先(米国ダミー)[n.s.]	カナダの輸出企業120社 (ソフトウェア)
Kabadayi (2008)	デュアル・チャネル vs. 独立チャネル	取引費用要因 ・資産特殊性[+] ・行動の不確実性[+] ・環境の不確実性[+]	米国の製造業者189社、および、台湾のOEM企業98社 (電子部品、コンピューター機器)
Kabadayi (2011)	デュアル・チャネル vs. 独立チャネル	取引費用要因 ・資産特殊性[+] ・行動の不確実性[+] ・環境の不確実性[+]	米国の製造業者229社 (電気・電子機器、ゴム、金属)
Takata (2019)	デュアル・チャネル vs. 独立チャネル	取引費用要因 ・資産特殊性[−] ・行動の不確実性[n.s.] ケイパビリティ要因 ・市場志向能力[+] ・メンバーの能力差[+]	日本の製造業者429社 (化学、金属、機械、電子機器)

注:ただし、[+] …正の影響、[−] …負の影響、[n.s.] …非有意を表す。

Pondy（1967）によると、対立は、一時的な感情や特定の行動として捉えるのではなく、一連の出来事のプロセスとして捉えるのが適切であるという。彼に従って、Rosenberg and Stern（1971）や Etgar（1979）のようなチャネル研究者たちは、チャネル対立をプロセスとして捉えてきた。例えば、Rosenberg and Stern（1971）は、基本的なプロセスを構成する要素として、チャネル対立の原因、構造的・態度的要因、測定可能な水準での対立、それに対する反応（管理方策）、および、対立の行動的・経済的結果を取り扱った。Etgar（1979）は、チャネル対立の修正プロセスモデルを提唱し、対立を、認知的・感情的な対立と顕在的な対立の2種類に分類した。Rosenberg and Stern（1971）および Etgar（1979）の知見を要約すると、チャネル対立のプロセスは、**図2-2**のように示すことができる。ここで示すとおり、チャネル対立のプロセスにおいては、まず、チャネル・メンバー間の目標・領域・認識の不一致や強制的・非強制的パワーのような種々の原因が、認知的・感情的対立を発生させて、そうした対立は、目に見える行動を伴った顕在的対立に変化する。一方、企業は、チャネル対立の管理方策を講じることによって、対立の原因を除去したり、対立自体を緩和するよう働きかけたりすることができる。そして最終的に、チャネル対立は、行動的・経済的成果の向上や低下といった結果を生じさせる。

　以上のようなプロセスに対応して、既存研究は、チャネル対立の原因に関する研究群、チャネル対立の管理方策に関する研究群、および、チャネル対立の結果に関する研究群に分類される。次項以降では、これら3つの研究群について概観したい。

◉──3-1　チャネル対立の発生原因に関する研究

　チャネル対立の発生原因に関する既存研究は、チャネル対立を引き起こす原因を同定してきた。既存研究において、しばしば取り扱われてきた原因は、チャネル・メンバー間の目標・領域・認識の不一致である。これに着目した先駆的な研究である Rosenberg and Stern（1971）は、チャネル対立の原因として、目標の不一致、領域の非合意、および、現状に対する認識の不一致の3種類の原因を同定した。耐久消費財を取り扱う米国の製造業者12社と流通業者98社から収集

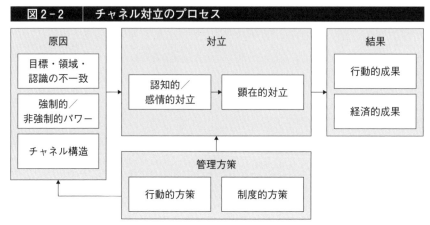

図2-2　チャネル対立のプロセス

原因	対立	結果
目標・領域・認識の不一致	認知的／感情的対立　→　顕在的対立	行動的成果
強制的／非強制的パワー		経済的成果
チャネル構造	管理方策	
	行動的方策　制度的方策	

出所：Rosenberg and Stern（1971）およびEtgar（1979）を参考に筆者作成。

されたデータを分析した結果、これら3種類に関連する問題事項については製造業者と流通業者の間で不一致が生じやすいため、3種類の要因がチャネル対立の主たる発生原因であることが示唆された。

　Eliashberg and Michie（1984）は、Rosenberg and Stern（1971）が同定した3種類の原因のうちの目標の不一致に着目し、それが対立に及ぼす影響の測定方法を精緻化した。まず、彼らは、フランチャイズ関係における20個の代表的な経営目標をリスト化した。具体的には、市場シェアの維持や事業費用の最小化などに代表されるフランチャイジーの経営目標を6個、および、市場機会の同定・捕捉や製品デザイン・性能における独自性の達成などに代表されるフランチャイズ・システム全体の経営目標を14個リスト化した。次に、それらについて、フランチャイザーとフランチャイジーの重視度を調査した。産業用設備を取り扱う米国のフランチャイズ関係に関する73のダイアドデータを分析した結果、フランチャイザーとフランチャイジーの間で経営目標に関する重視度が一致していないと、対立が生じやすいことが見出された。

　チャネル対立の発生原因として、チャネル・メンバー間の目標・領域・認識の不一致の他に挙げられるのは、チャネル・パワーである。それに着目した先駆的な研究であるLusch（1976a）は、制裁のような強制的パワーと専門性のような非強制的パワーの2種類のパワーが、チャネル対立に及ぼす影響を探究した。米

国の自動車ディーラー567社から収集されたデータを分析した結果、強制的パワーがチャネル対立に正の影響を及ぼす一方、非強制的パワーは負の影響を及ぼすということが見出された。これら2種類のパワーの効果について、後続研究は、強制的パワーについては同様の知見を見出している一方、非強制的パワーはチャネル対立に負の影響を及ぼすか、あるいは、影響を及ぼさないという知見を見出している[23] (e.g., Wilkinson, 1981; Zhuang, Xi, and Tsang, 2010)。

　このように、数多くの既存研究が、チャネル対立の原因として、チャネル・メンバー間の目標・領域・認識の不一致や、チャネル・パワー関係の行使のように、売手－買手の個々のダイアド関係における心理や行動に着目する一方、Brown and Fern（1992）は、チャネル対立の原因として、チャネル構造に着目した。彼らは、デュアル・チャネルが採用されている状況、すなわち、統合チャネルと独立チャネルがどちらも採用されており、両チャネルが同一顧客を標的にしてしまう可能性が存在する状況に焦点を合わせた。彼らによると、デュアル・チャネルが採用されると、独立流通業者は、統合チャネルに有利になるように製造業者がマーケティング戦略を実行しているのではないかと疑う。具体的には、製造業者が、統合チャネルに対して、より安価で製品を卸したり、より有用な製品を渡したり、より高品質な技術サポートを提供したりしているのではないかと、独立流通業者は疑う。Brown and Fern（1992）は、デュアル・チャネルが採用されている場合の方が、独立チャネルのみが採用されている場合に比して、独立流通業者は、上述した疑念を持ちやすいため、チャネル対立が発生しやすいと仮説化した。学部生を対象にしてシミュレーションゲームを実施した結果、デュアル・チャネルが採用されている場合の方が、独立チャネルのみが採用されている場合に比して、製造業者と流通業者の間における対立水準が高いことを見出した。

　さらに、近年、Sa Vinhas and Heide（2015）は、デュアル・チャネルが引き起こす対立の3種類の形態を同定した。彼らによると、デュアル・チャネルが採用されている状況における製造業者と流通業者の対立には、（1）同一の顧客を取り合う対立、（2）両者が利用可能な製造業者の資源（例えば、技術的補助や製品の更新作業）をめぐる対立、あるいは、（3）製造業者が最終顧客にかかわる機能に関与する対立の3種類に分類されうる。機械や電子機器産業に属する米国の卸売業者167社から収集されたデータを分析した結果、これら3種類の形態が、

流通業者の機会主義的行動を引き起こすことが示唆された。

◉── 3-2　チャネル対立の管理方策に関する研究

　チャネル対立の管理方策に関する既存研究は、チャネル対立を解消するために企業が採りうる管理方策を同定しようと試みてきた。Stern and El-Ansary（1988）によると、チャネル対立の管理方策は、**図2-3**に示すように、行動的方策と制度的方策の2種類に分類することができる。ただし、行動的方策とは、対境担当者バウンダリースパナーによる交渉や仲裁などの、対人間の行動プロセスを指し、制度的方策とは、合同研修や役員派遣などの、構造変化を引き起こすようなルールを指す。

　Dant and Schul（1992）は、これら2種類の方策のうち、行動的方策に着目し、行動的方策はさらに2種類の方策に分類されると指摘した。それらはすなわち、第1に、相手を出し抜くことによって、自身が得られるパイの獲得割合を増大させようと試みる配分的行動であり、第2に、情報を交換し、互いに協力することによって、自身と相手で分割する前のパイを増大させてから、パイを配分しようと試みる統合的行動である。さらに、Dant and Schul（1992）は、配分的行動と統合的行動の規定要因を探究した。ファストフード産業における米国のフランチャイジー176社から収集されたデータを分析した結果、解決されるべき問題の前例が無く、利害性が大きく、問題が複雑であり、組織間関係が相互依存的である場合には、配分的行動が採用される一方、そうでない場合には、統合的行動が採用されることが見出された。

　彼らの後続研究も、これら2種類の管理方策に着目している（e.g., Ganesan, 1993; Mohr and Spekman, 1994）。例えば、Ganesan（1993）は、管理方策の規定要因として、長期志向と問題の重要性を新たに取り扱っており、さらに、管理方策が満足に及ぼす影響を探究した。アパレル産業における米国の小売業者150社から収集されたデータを分析した結果、（1）小売業者が長期志向を有しており、かつ、焦点の問題が重要であれば、その小売業者は統合的行動を採用するものの、小売業者が短期志向を有していれば、その小売業者は配分的行動を採用すること、（2）統合的行動は小売業者の満足という行動的成果を高めることが見出された。

図2-3　チャネル対立の管理方策の分類

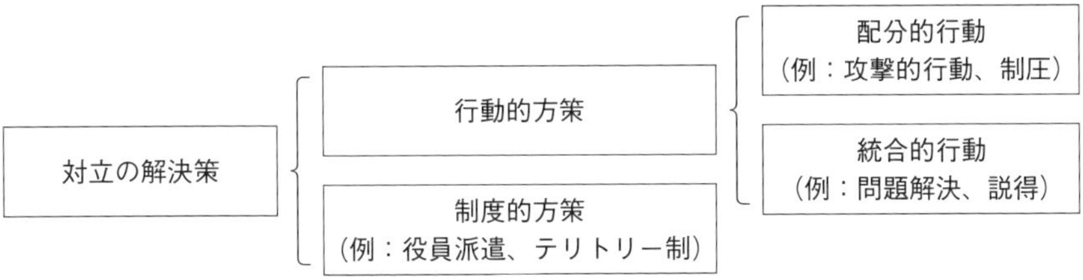

対立の解決策
- 行動的方策
  - 配分的行動（例：攻撃的行動、制圧）
  - 統合的行動（例：問題解決、説得）
- 制度的方策（例：役員派遣、テリトリー制）

出所：Stern and El-Ansary（1988），Dant and Schul（1992），Ganesan（1993）を参考に筆者作成。

　さらに、Koza and Dant（2007）は、管理方策が経済的成果に及ぼす影響を探究した。彼らは、米国のカタログ代理店282社から2カ年にわたって収集されたデータを分析し、統合的行動は経済的成果を高めるものの、配分的行動は経済的成果を低めることを見出した。

　これらの研究とは異なり、Moriarty and Moran（1990）は、デュアル・チャネルが採用されている状況に着目し、デュアル・チャネル採用企業が用いうる2種類の制度的方策を同定した。第1は、境界システムであり、統合チャネルと独立チャネルで、取扱製品、標的顧客、あるいは、販売地域を分割する境界を設定する制度を指す。第2は、補償システムであり、新たに境界が設定されることによって利益が得られなくなったチャネルを経済的に補償する制度である。Moriarty and Moran（1990）が概念的・記述的な研究であったのに対して、Sa Vinhas and Anderson（2005）は、デュアル・チャネル採用企業が用いうる2種類の制度的方策に着目した実証的な研究であった。彼らは、製品差別化、顧客獲得ルールの設定、および、二重補償の3種類の制度的方策に焦点を合わせた。これら3種類の制度的方策はそれぞれ、Moriarty and Moran（1990）が着目した取扱製品を分割する境界システム、標的顧客を分割する境界システム、および、補償システムに対応していると考えられる。Sa Vinhas and Anderson（2005）は、製造業者がこれら3種類の制度的方策を実行することによって、統合チャネルと独立チャネルの対立が破壊的行動として表面化するのを防ぐことができると仮説化した。多様な産業における米国の製造業者54部門から収集されたデータを分析した結果、この仮説は支持された。

　Sa Vinhas and Anderson（2005）の後続研究であるSa Vinhas and Anderson

（2008）は、二重補償に焦点を合わせて、それが用いられる条件を探究した。二重補償は、ある売上に貢献したすべてのチャネルに対して補償を行う管理方策であり、これを実行することで、チャネル・メンバーの破壊的行動を抑制できることが示されてきた。しかしながら、製造業者が補償されるべき活動を補償するのに失敗してしまうと、チャネル・メンバーは、不満を抱いたり、努力を怠ってフリーライドしたりする危険性が生じる。Sa Vinhas and Anderson（2008）は、そのような補償の失敗が起きにくい条件の下でのみ、製造業者は、二重補償を用いるということを検討した。多様な産業における米国の製造業者54部門から収集されたデータを分析した結果、行動の不確実性が高い場合、顧客の規模が大きい場合、顧客が統合的な供給契約を採用している場合、市場が競争的である場合、顧客数が小さい場合、あるいは、技術的不確実性が高い場合に、製造業者は二重補償を用いるということが見出された。

　以上の既存研究において取り扱われてきた、デュアル・チャネル採用企業が用いうる管理方策は、**表2-3**に示すとおりである。既存研究は、境界システムと補償システムの2つの管理方策を同定し、それらが、チャネル間の対立水準を低め、破壊的行動を抑制することを見出してきたと要約できる。

◉── 3-3　チャネル対立の結果に関する研究

　チャネル対立の結果に関する既存研究は、チャネル対立が、行動的・経済的成果に対して、いかなる影響を及ぼすのかを探究してきた。大半の既存研究は、チャネル対立の負の側面に焦点を合わせてきた（e.g., Lusch, 1976b; Brown, Lusch, and Smith, 1991; Skinner, Gassenheimer, and Kelley, 1992; Lee, 2001; Duarte and Davie, 2003）。例えば、Lush（1976b）は、自動車ディーラーから収集されたデータを分析した結果、チャネル対立は、パワー劣位の主体が被害を受ける機会となり、総資産利益率および総資産回転率という経済的成果に対して負の影響を及ぼすことを見出した。同様に、Brown, et al.（1991）は、航空原動機を取り扱う流通業者から2カ年にわたって収集されたデータを分析した結果、チャネル対立は、非最適なマーケティング・物流戦略の実行を促すため、満足という行動的成果に

表2-3	デュアル・チャネル採用企業が用いうる2つの管理方策
管理方策	説明
境界システム	・統合チャネルと独立チャネルで、担当領域を区分する境界ルールを設定する（Moriarty and Moran, 1990; Sa Vinhas and Anderson, 2005） ・区分する領域としては、（1）取扱製品、（2）標的顧客、および、（3）販売地域の3つが挙げられる（Moriarty and Moran, 1990）。
補償システム	・売上に貢献したすべてのチャネル・メンバーを、経済的に補償する（Sa Vinhas and Anderson, 2005, 2008）。 ・典型的なケースは、新たに境界が設定されることによって、それまで取引関係にあった顧客と契約を解消しなければならなくなったチャネル・メンバーに対して、それまで顧客を維持してきた努力を認めて、経済的補償を与えるようなケースである（Moriarty and Moran, 1990）。

も負の影響を及ぼすことを見出した。

　他方、近年、チャネル対立の正の側面に焦点を合わせた研究も登場している。例えば、Chang and Gotcher（2010）は、チャネル対立が、チャネル・メンバー同士の理解を深めて関係性を強化する契機となれば、結果として高い経済的成果につながるということを探究した。食品産業における台湾の流通業者101社から収集されたデータを分析した結果、流通業者が製造業者との対立に対して肯定的な態度・行動を示していると、チャネル対立を通じて互いについての理解を深めやすく、ひいては、共同戦略の質や共創価値の向上につながりやすいことを見出した。同様に、Tang, Fu, and Xie（2017）も、チャネル対立の正の側面に焦点を合わせた。中国の製造業者および流通業者152社から収集されたデータを分析した結果、企業間の問題が生産的に解決されるような機能的なチャネル対立は、製造業者と流通業者の間における知識共有を促し、すなわち、両者の間で互いにとって新規な情報の交換を促し、ひいては、製造業者の市場対応能力およびイノベーション能力を高めうることを見出した。

　以上、チャネル対立に関する既存研究を概観した。これらの既存研究は、**表2-4**に示すとおりである。既存研究は、チャネル対立の発生原因として、チャネル・メンバー間の目標・領域・認識の不一致や、チャネル・パワーの行使のような個々のダイアド関係における心理・行動だけではなく、デュアル・チャネルというチャネル構造も取り扱ってきた。また、チャネル対立を管理する方策として、行動的解決策と制度的管理方策の2種類を同定し、さらに、デュアル・チャネル

| 表2-4 | チャネル対立に関する代表的な実証研究 |

研究	被説明変数	説明変数[分析結果]	調査対象(国、サンプルサイズ、業種)
Rosenberg & Stern (1971)	・目標に関する知覚 ・領域に関する知覚 ・現状に関する知覚	・主体 (製造業者／流通業者)	製造業者ないし流通業者 (米国、100、耐久消費財)
Lusch (1976a)	・対立	・強制的パワー[+] ・非強制的パワー[-]	小売業者 (米国、567、自動車)
Lusch (1976b)	・操業成果	・対立[-]	小売業者 (米国、159、自動車)
Etgar (1979)	・感情的対立 ・顕在的対立	・態度的原因[+] ・構造的原因[+]	流通業者 (米国、138、消費財)
Wilkinson (1981)	・対立	・強制的パワー[n.s.] ・非強制的パワー[-]	サービス企業 (ホテル) (豪州、75、ビール)
Eliashberg & Michie (1984)	・対立	・目標の不一致[+]	製造業者－卸売業者のダイアド (米国、73、産業用設備)
Dant & Schul (1992)	・解決策 (統合的行動：問題解決・説得、配分的行動：交渉・政治的手段)	・問題の特性 (前例有無・利害性・複雑性) ・依存 ・関係的規範	フランチャイジー (米国、176、ファストフード)
Ganesan (1993)	・解決策 (統合的行動：問題解決・妥協、配分的行動：攻撃・受動的攻撃)	・長期志向 ・重要／非重要な問題の対立 ・相対的パワー	小売業者 (デパート) (米国、150、服飾・食器)
	・譲歩 ・満足	・解決策	
Mohr & Spekman (1994)	・満足 ・売上	・解決策 (統合的行動：問題解決・説得，配分的行動：鎮静化・仲裁・制圧)	卸売業者 (米国、124、PC)
Duarte & Davies (2003)	・経済的有効性 ・経済的効率性	・対立[-／S]	サービス企業 (英国、496、金融)
Sa Vinhas & Anderson (2005)	・破壊的行動	・製品差別化[-] ・顧客獲得ルール[-] ・二重補償[-]	製造業者 (米国、54、多様な産業)

Sa Vinhas & Anderson (2008)	・二重補償	・行動の不確実性[+] ・顧客の規模[+] ・統合的な供給契約[+] ・市場の競争性[+] ・顧客数[−] ・購買行動の変動性[+]	製造業者 （米国、54、多様な産業）
Chang & Gotcher (2010)	・対立調整による学習	・対立への肯定的態度[+] ・対立への回避的行動[−]	流通業者 （台湾、101、食品）
	・共同戦略の質 ・共創価値	・対立調整による学習[+]	
Tang, et al. (2017)	・知識共有	・機能的対立[+]	製造業者および流通業者 （中国、152、不明）
	・市場対応能力 ・イノベーション能力	・知識共有[+]	

注：ただし、[+] …正の影響、[−] …負の影響、[S] …S字型の影響、[n.s.] …非有意を表す。

における対立を管理する方策として、境界システムおよび補償システムの2種類を同定してきた。近年では、チャネル対立が、経済的・行動的成果の低下という負の側面を有するだけではなく、経済的・行動的成果の向上という正の側面も有することも指摘している。チャネル対立、とりわけ、デュアル・チャネルにおける対立に関する研究が抱える問題と、残された研究課題については、続く第4節において議論したい。

4．デュアル・チャネル研究の問題

　以上、マーケティング・チャネルに関する既存研究について概観した。2000年代以降、マルチ・チャネルというトピックが学術的にも実務的にも注目を浴びるようになる中で、マルチ・チャネルの一形態であるデュアル・チャネルも注目を浴びるようになった。デュアル・チャネルに関する既存研究は、チャネル選択という研究領域、および、チャネル対立という研究領域において展開されてきた。先述のとおり、これらの既存研究は、例えば、デュアル・チャネルの選択に影響を及ぼす要因を探究したり、デュアル・チャネルが引き起こす対立を管理する方策

を同定したりすることによって、デュアル・チャネルに関する理解の深化に多大なる貢献を成してきた。しかしながら、既存研究は、次の3つの問題を抱えている。

◉── 4-1　デュアル・チャネルの選択に対するケイパビリティ要因の効果

　既存研究が抱える第1の問題（問題Ⅰ）は、海外市場におけるデュアル・チャネルの選択に対して、ケイパビリティ要因が及ぼす影響を検討していないことである。先述のとおり、チャネル選択に関する大半の既存研究は、デュアル・チャネルの規定要因として、資産特殊性や不確実性のような取引費用要因を取り扱ってきた（e.g., Dutta, *et al.*, 1995; McNaughton, 2002; Kabadayi, 2008, 2011）。一方、ケイパビリティ要因を取り扱った研究は、国内流通の文脈において、市場志向能力および流通能力がデュアル・チャネルの選択に影響を及ぼすことを見出してきた（Takata, 2019）。ケイパビリティ要因を取り扱った研究は、デュアル・チャネルの選択に関する研究の前進に対して多大な貢献を成しているものの、取引費用要因を取り扱った研究に比べて、相対的に数が少なく、研究蓄積がそれほど成されていない。例えば、海外流通の文脈において、ケイパビリティ要因がデュアル・チャネルの選択に及ぼす影響に関して、研究蓄積は成されていない。既存研究においては、製造業者のケイパビリティとして、市場志向能力が取り扱われてきたが、海外市場という未踏の市場を開拓するためには、企業家志向能力も重要な役割を果たすであろう。さらに、海外流通に際しては、輸出元国と輸出先国、ひいては、売手と買手の文化的な差異を考慮に入れることも必要であろう。果たして、海外市場におけるデュアル・チャネルの選択に対して、どのようなケイパビリティ要因が、どのような影響を及ぼすのであろうか。この問いに解答を与えることは、デュアル・チャネルの選択に関する理解のさらなる深化に必要不可欠であろう。

◉── 4-2　対立の管理方策の促進要因

　既存研究が抱える第2の問題（問題Ⅱ）は、対立の管理方策の効果を促進する

要因を同定していないことである。既存研究は、デュアル・チャネル採用企業が、境界システムと補償システムという管理方策を策定・実行することによって、チャネル・メンバーの破壊的行動を抑制できることを見出してきた（e.g., Moriarty and Moran, 1990; Sa Vinhas and Anderson, 2005）。しかしながら、それと同時に、境界システムと補償システムという管理方策を効果的に策定・実行することは、製造業者にとって困難であると示唆してきた。例えば、Sa Vinhas and Anderson (2005) は、製造業者が担当領域を区分する境界ルールを設計したとしても、チャネル・メンバーがそれを受け入れない恐れがあると指摘している。また、Sa Vinhas and Anderson (2008) は、チャネル・メンバーの貢献度を正確に測定することが困難であるため、補償システムを運営するのは困難であると指摘している。そうであるならば、製造業者の中には、そうした困難性を克服できない者も、そうした困難性を克服して、境界システムや補償システムを、他の競合他社よりも首尾よく機能させられる者も存在する。それでは、どのような製造業者が、境界システムや補償システムという管理方策を、首尾よく策定・実行することができるのであろうか。換言するならば、どのような企業特性が、境界システムおよび補償システムという2つの管理方策の効果を促進するのであろうか。デュアル・チャネルにおける対立に関する理解を進展させるうえで、この問いに取り組むことは重要であろう。

◉── 4-3　デュアル・チャネルがチャネル成果に及ぼす影響

　既存研究が抱える第3の問題（問題Ⅲ）は、デュアル・チャネルがチャネル成果に及ぼす影響を検討していないことである。協調関係論が登場した後、マーケティング・チャネル研究においては長らくの間、製造業者と流通業者のダイアド関係におけるチャネル成果が重要な成果指標として見なされており、その規定要因を探究する試みが盛んに行われてきた。例えば、既存研究は、関係論に依拠することによって、関係特殊資産、知識共有ルーティン、補完的資源、および、効果的統御が、チャネル成果の重要な規定要因であるということを見出してきた（e.g., Jap, 1999; Palmatier, et al., 2007; Skarmeas, et al., 2016）。このように研究が盛んに行われていることから考えられるように、チャネル成果を高めることは、

マーケティング・チャネル戦略の究極的な目標の1つであり、その規定要因を探究することは、学術的・実務的に意義深いことであろう。しかしながら、デュアル・チャネルに関する既存研究は、製造業者がデュアル・チャネルを用いることが、チャネル成果を高めるのか低めるのかという研究課題に取り組んでこなかった。果たして、デュアル・チャネルは、チャネル成果に対して、どのような影響を及ぼすのであろうか。マーケティング・チャネル研究において伝統的に重要視されてきたチャネル成果に対して、デュアル・チャネルが及ぼす影響を探究する試みは、デュアル・チャネル研究の前進に必要不可欠であると言いうる。

◉── 4-4　本書が取り組む研究課題

　本項においては、デュアル・チャネルに関する既存研究が抱える問題が指摘された。それらの問題群は、次のように要約される。

　問題Ⅰ：海外市場におけるデュアル・チャネルの選択に対して、ケイパビリ
　　　　　ティ要因が及ぼす影響を検討していない。
　問題Ⅱ：対立の管理方策の効果を促進する要因を同定していない。
　問題Ⅲ：デュアル・チャネルがチャネル成果に対して及ぼす影響を検討してい
　　　　　ない。

　本書は、これらの3つの問題を解消するために、それぞれの問題に対応した、3つの実証研究を展開する。第1の実証研究（実証研究Ⅰ）では、問題Ⅰを解消するために、海外市場におけるデュアル・チャネルの選択に対して、どのようなケイパビリティ要因が、どのような影響を及ぼすのかという研究課題に取り組む。具体的には、チャネル文脈として海外市場を想定したうえで、新たなケイパビリティ要因を同定し、さらに、海外流通の文脈に特有の要因による調整効果も検討する。第2の実証研究（実証研究Ⅱ）では、問題Ⅱを解消するために、どのような要因が、対立の管理方策の効果を促進するのかという研究課題に取り組む。具体的には、対立の管理方策を首尾よく機能させうる企業特性を考慮に入れることによって、対立の管理方策の効果を促進する要因を同定する。そして、第3の

実証研究（実証研究Ⅲ）では、問題Ⅲを解消するために、デュアル・チャネルは、チャネル成果に対して、どのような影響を及ぼすのかという研究課題に取り組む。具体的には、関係論の枠組に依拠し、デュアル・チャネルが、企業間資源の効果を高低させることを通じて、チャネル成果を高低させるという、デュアル・チャネルの間接的な影響を検討する。

［付記］

第2章：本章には、下記の既発表論文に加筆修正を施した内容が含まれている。

石井隆太（2018），「マーケティング・チャネルにおける対立に関する研究：再検討」，『JSMDレビュー』，第2巻，第1号，pp. 29-38.

石井隆太（2019），「国際市場におけるマルチ・チャネル戦略」，『マーケティングジャーナル』，第38巻，第3号，pp. 86-94.

(1) 流通機能と関連した概念として、流通フローがある。流通フローが、生産部門から消費部門への取引の要素の流れのことを指すのに対して、流通機能は、そうした要素を流すのに必要な機能のことを指す（田村, 2001）。流通フローの分類に取り組んだ代表的な研究としては、流通フローを8種類、すなわち、物的所有、所有権、販売促進、交渉、金融、危険負担、注文、および、支払に分類したVaile, Grether, and Cox（1952）が挙げられる。流通フローという概念やその歴史に関する詳しい議論については、近藤（1989）や兼村（1995）を参照のこと。

(2) 情報機能の位置づけについては、既存研究の間で整合性がとれておらず、具体的には、情報機能についてそもそも言及しない研究（e.g., Shaw, 1912; Weld, 1917）や、それを交換・所有権機能に含める研究（e.g., 久保村・荒川, 1974）、補助的機能の1つとして取り扱う研究（e.g., Clark, 1922）、および、独立した機能として取り扱う研究（e.g., White, 1927; 田村, 2001）が存在する。

(3) 売手−買手間の協調関係に着目する研究群は、「垂直的協働関係論」（渡辺, 1997）、「長期的協調的関係論」（崔, 2010）、あるいは、「協調関係論」（結城, 2014）と呼ばれる。協調関係論の詳細なレビューについては、結城（2014）を参照のこと。

(4) 髙嶋（1994）は、マルチ・チャネルに関する問題に取り組んだ先駆的な研究である。彼は、消費財流通における大規模小売業者と系列店という異なる2種類のチャネルの同時使用を指して、複合チャネルと呼称し、製造業者は、系列店の管理様式に合わせて、大規模小売業者との取引関係を調整することを、理論的・経験的に探究した。

(5) 企業のマルチ・チャネル化が進んだ背景として、2つの変化を指摘しうる（Van Bruggen, Antia, Jap, Reinartz, and Pallas, 2010）。第1は、売手側の変化である。2000年代以降、イ

ンターネットの普及を機に、オンラインによる直営店を立ち上げる企業が急増し、その結果、マルチ・チャネル企業が急増した。第2は、買手側の変化である。買手は、情報探索、購買、購買後サービスのように、いくつかの購買段階を経て意思決定を行っている（髙橋, 2008）。こうした購買過程における各段階において、買手は、異なるチャネルを使用するようになった（石井・菊盛, 2018）。そうした買手の多様な需要に対応するために、特徴が互いに異なる多様なチャネルを設置する企業が急増し、その結果、マルチ・チャネル企業が急増した。

(6) チャネル研究は、基本的には、チャネル関係の管理問題を取り扱った研究、あるいは、チャネル構造の選択問題を取り扱った研究のいずれかに分類することができる。例外的に、双方の問題を取り扱った希少な研究として、結城（2010, 2012）が挙げられる。彼は、流通業者の盛衰や参入・退出のような流通市場の変動性に対して、製造業者は、すでに取引している流通業者との関係性を強化する、あるいは、新たなチャネルを開拓することによって対応可能であると指摘したうえで、いずれの方策が採られるのかについて探究した。ここで採られうる方策のうち、前者は、チャネル関係の管理問題、後者は、チャネル構造の選択問題と関連している。

(7) チャネル研究者たちの中には、チャネル構造の「選択（selection）」ではなく、「設計（design）」という用語を用いる者もいるが（e.g., Bello and Lohtia, 1995; Rosenbloom, 2012）、本書は、国内においても（e.g., 崔, 2010; 髙田, 2013; 結城, 2014）、海外においても（Hoppner and Griffith, 2015; Krafft, et al., 2015; Watson, et al., 2015）、相対的に数多くの研究者が用いていると考えられるため、選択という用語を用いる。

(8) マーケティング・チャネル論において、チャネル構造という用語は、2つの意味で用いられる（Kabadayi, Eyuboglu, and Thomasm, 2007）。第1に、物理的構造という意味で用いられ、それは当該製品が生産されてから消費に至るまでの流通経路全体を指す。第2に、意思決定構造という意味で用いられ、それは集権性・公式性・分権性などの観点から把握される、取引主体間での意思決定の仕組みを指す。ここでのチャネル構造という用語は、物理的構造を意味している。

(9) チャネル強度に関する問題を取り扱った既存研究は、あるチャネル段階（例えば、卸売段階や小売段階）に焦点を合わせて、各段階におけるチャネル数（例えば、販売代理店数や小売店舗数）を規定する要因を探究してきた。チャネル強度に関する先駆的な研究は、Copeland（1923）である。彼は、消費者の購買習慣によって、消費財を、最寄品（convenience goods）、買回品（shopping goods）、および、専門品（specialty goods）の3種類に分類した。そのうえで、彼は、最寄品には強度の高いチャネルが用いられ、買回品には強度が中程度のチャネル（選択的チャネル）が用いられ、専門品には強度の低いチャネル（選択的チャネルあるいは排他的チャネル）が用いられると主張した。また、チャネル強度に関する代表的な実証研究としては、Frazier and Lassar（1996）、Fein and Anderson（1997）、および、Käuferle and Reinartz（2015）が挙げられる。

(10) チャネル段階数の問題は、チャネル選択の中でも、最も基本的かつ古典的な問題と見なされている。実際、研究者の中には、チャネル選択に関する問題とはすなわち、チャネル段階数、あるいは、垂直統合に関する問題であると捉える者もいる（e.g., Anderson and

Coughlan, 2002; Watson, *et al.*, 2015)。

(11) それまで消費財を対象にした定量調査は行われていた（e.g., PIMS）ものの、生産財を対象にした定量調査が不足しているという状況を背景に、生産財企業12社、全米広告主協会（ANA: Association of National Advertisers）、および、マサチューセッツ工科大学（MIT）が協力して、生産財企業を対象にした大規模な調査を行うことを目的にして発足したプロジェクトが、ADVISOR プロジェクトであった。1973年には ADVISOR 1 と称して、生産財企業66社のデータを、1975年には ADVISOR 2 と称して、生産財企業131社のデータを収集することに成功した。

(12) Lilien（1979）は、分析の結果として得られた知見は、ダーウィンの観点を採用することによって、規範的知見として見なされると述べている。具体的には、ダーウィンの観点を採用すると、現存している企業は一般的に、競争的な環境の中で生き残ってきた優れた企業であるため、そうした企業の施策は、最適な行動であると考えられる。

(13) Rangan, *et al.*（1992）は、Aspinwall（1962）や Miracle（1965）のようなチャネル段階数に関する初期の研究、および、取引費用理論に依拠した既存研究の知見を踏まえたうえで、新規チャネルを設立する際に、統合チャネルと独立チャネルのいずれが選択されるのかを規定する8つの要因を同定した。8つの要因とはすなわち、製品情報、製品カスタマイゼーション、品質保障、ロットサイズ、品揃え、適用性、販売後サービス、および、物流である。Rangan, *et al.* は、これら8つの要因を考慮してチャネル選択を行う有効性をテストするために、ある大規模な生産財製造業者が新発売した製品を対象に、インタビュー調査を行った。まず、当該製品の発売から1年後に、リードユーザーたる10名の顧客と、当該企業に所属する11名の専門家に対して、当該製品を念頭に置いたうえで、上述の8つの要因の水準について評価してもらった。次に、彼らから得られた評価値を集計した報告書を、当該製品のチャネル意思決定にかかわるマーケティングないし販売担当者に提供した。その後、担当者たちは、その報告書に基づいて、実際に6つの販売経路を4つに絞り込んだ。すると2年後には、彼らは、販売目標を25％、利益率を34％向上させることに成功した。この結果から、Rangan, *et al.* は、これらの8つの要因が、チャネル構造を選択するための重要な要因であると結論づけた。

(14) 取引費用理論とケイパビリティ論の関連性については、髙田（2009, 2013）を参照のこと。彼は、両理論を丹念に比較検討したうえで、双方を用いた統合的な分析枠組の構築を、理論的・経験的に試みている。

(15) Anderson（1985）は、サーベイ調査を行った結果、調査対象である電子部品製造業者13社のうちの8社は、デュアル・チャネルを選択していることを示した。ただし、経験的なテストに際しては、企業ごとではなく、各企業のテリトリーを分析単位として用いており、デュアル・チャネルを分析対象には含めていない。

(16) 数多くのチャネル研究者たちが、デュアル・チャネルに関する研究の重要性を強調し始めたのは、2000年以降であるが、その用語自体は、古くから使用されていた。例えば、Warshaw（1961）は、デュアル・チャネルを採用した製造業者は、統制可能性や費用構造などの特性が互いに異なる統合チャネルと独立チャネルを、状況に応じて使い分けること

ができるため、デュアル・チャネルの採用は、利益が見込めるチャネル戦略であると述べた。彼によると、製造業者は、第1に小売業者の種類・規模に応じて、第2に市場における販売促進の必要性に応じて、第3に需要に応じて、適切なチャネルを用いることによって、長期的な利益が見込めるという。彼の研究は、他の研究に先駆けて、デュアル・チャネルの有用性に関して言及したという点において評価に値するであろう。

(17)Dutta, *et al.* がデュアル・チャネルに焦点を合わせる契機となった研究は、Bradach and Eccles（1989）である。彼らは、「同一の企業によって、同一の機能のために、異なる統制メカニズムが同時に用いられる方法」（p.112）を、「複合形態（plural forms）」と呼んだうえで、取引費用理論の課題として、複合形態に関する分析を行っていないという点を指摘した。彼らは、複合形態の代表的な文脈として、部品調達の際に、部品を自社で内製しつつ他社から購買する状況、小売チェーンが直営店とフランチャイズ店の双方を用いる状況、および、製造業者が統合チャネルと独立チャネルの双方を用いる状況を挙げた。Bradach and Eccles（1989）による上述の指摘は、デュアル・チャネルに関する研究だけではなく、部品の内製と外注、すなわち、部品の同時調達（concurrent sourcing）に関する研究が盛んに行われる契機にもなった（e.g., Heide, 2003; Parmigiani, 2007; Mols, Hansen, and Villadsen, 2012）。なお、フランチャイズに関する研究は、古くから始まっており（e.g., Rubin, 1978）、現在も盛んに行われている（e.g., 北島・崔, 2011; 白石, 2016）。

(18)この点について、Dutta, *et al.* は、製造業者の視点に立って、他社の販売員が機会主義的に行動する可能性があると説明している。しかし、取引費用理論においては、製造業者あるいは流通業者が関係特定的投資を行うと、両者とも取引相手を代替することが困難になり、両者とも機会主義的に行動する可能性があるため、他社の販売員の視点に立って議論を進めることもできる（cf. 浅沼, 1983）。ただし、いずれの視点で議論を進めても、その帰結は同じである。

(19)また、Dutta, *et al.* (1995) は、2つの取引費用要因の他に、製造業者がデュアル・チャネルを用いる規定要因として5つ、すなわち、価格プレミアム、範囲の経済性、既存の自社販売員、製品単価、および顧客規模を取り扱っている。実証分析の結果、これらのうち、範囲の経済性、既存の自社販売員、および、製品単価がデュアル・チャネルの選択に影響を及ぼすことが見出された。

(20)ただし、髙田（2015）は、Mols（2000）が取引費用理論に依拠して取り扱った11の命題について注意深く再検討を行った結果、それらは、（1）取引費用理論と深く関係するグループ、（2）ケイパビリティ理論と深く関係するグループ、（3）取引費用理論・ケイパビリティ理論と深く関係するグループ、および、（4）環境要因と深く関係するグループの4つに分類されると述べている。

(21)チャネル対立という概念は、チャネル競争という概念としばしば混同されるが、両者は、3つの観点から弁別される（Stern, Sternthal, and Craig, 1973）。一方で、チャネル対立は、組織同士が互いに相手組織を敵視しており（相手中心的）、組織間の直接的な交流が行われ（直接的）、個人的な感情が関係している（個人的）という点において特徴づけられる。他方で、チャネル競争は、組織同士が異なる目標を有しており（目標中心的）、組織間の直接

的な交流はなく（間接的）、個人的な感情とは無関係である（非個人的）という点において特徴づけられる。これらを踏まえると、一方で、製造業者と流通業者の関係や、輸出企業と輸入企業の関係のような垂直的関係においては、組織間の直接的な交流が行われるため、チャネル競争ではなく、チャネル対立が生じる傾向にあると言いうる。他方で、卸売業者同士や小売業者同士のような取引関係のない水平的関係においては、組織間の直接的な交流は行われないため、チャネル競争が生じる傾向にあると言いうる。

(22)現実世界において、製販同盟や製販パートナーシップのような協調関係が構築されるようになり、チャネルの対立よりも協調が重要視されるようになった。それにもかかわらず、未だに対立に関する研究が行われるのは、協調関係を構築・維持することができるか否かは、いかに対立を管理することができるかに依存しているからである。そのため、チャネル対立は、協調関係の暗黒面（Anderson and Jap, 2005）、あるいは、協調関係の破壊要因（Samaha, Palmatier, and Dant, 2011）と呼ばれている。協調関係の構築・維持が重要視される今日であるからこそ、その実現を左右する鍵たるチャネル対立の管理が、マーケターにとっての最重要課業の1つであると見なされている。それゆえに、それに関する研究が展開されているのである。

(23)ただし、研究者の中には、パワーは、チャネル対立の原因というよりも、むしろ、チャネル対立の結果として捉えるべきであると主張する研究者（Etgar, 1978）や、パワーはチャネル対立の原因でもあり結果でもあると主張する研究者（Lusch, 1978）も存在する。

第 3 章 資源と能力に関する理論の検討

　前章においては、デュアル・チャネルに関する既存研究が抱える 3 つの問題、すなわち、「海外市場におけるデュアル・チャネルの選択に対して、ケイパビリティ要因が及ぼす影響を検討していない」という問題 I、「対立の管理方策の効果を促進する要因を同定していない」という問題 II、および、「デュアル・チャネルがチャネル成果に対して及ぼす影響を検討していない」という問題 III を指摘した。これらの問題を解消するために、本書は 3 つの実証研究を展開するわけであるが、それに先立って本章においては、それらの実証研究において援用する理論、具体的には、資源ベース論、ケイパビリティ論、および、関係論について検討する。これらの諸理論はいずれも、企業固有の資源・能力に関連した理論であり、マーケティングや経営学の分野において頻繁に用いられてきた。そして、本書が取り組む 3 つの問題に対して、これらの諸理論は、有用な知見を提供しうると期待される。

　本章は、次のように構成される。まず第 1 節において、Barney（1991）および Peteraf（1993）を中心に、資源ベース論の主張や理論構造を検討する。さらに、資源ベース論と関連した研究群である、市場志向論（Kohli and Jaworski, 1990; Narver and Slater, 1990）、企業家志向論（Miller, 1983; Lumpkin and Dess, 1996）、および、知識吸収能力論（Cohen and Levinthal, 1989, 1990; Lane and Lubatkin, 1998）を概観し、それらの研究知見についても検討する。次の第 2 節において、Langlois and Robertson（1995）を中心に、ケイパビリティ論の主張や理論構造を検討する。続く第 3 節において、Dyer and Singh（1998）を中心に、

関係論の主張や理論構造を検討する。そして最後に第4節において、資源ベース論、ケイパビリティ論、および、関係論の仮定や主張について比較検討を行って、これらの諸理論の共通点や相違点について議論する。さらに、これらの諸理論と本書における実証研究の対応関係を示す。

1. 資源ベース論

◉──1-1　古典的な研究

　マーケティング戦略や経営戦略の分野において、資源ベース論[1]が登場する以前は、Porter（1980）に代表される産業構造分析が支配的な分析枠組であった。産業構造分析とは、産業の収益性を分析することによって、高い収益性の産業を見つけ、自社を有利なポジションに位置づけるアプローチである（久保, 2003c）。産業構造分析は、企業の収益が限界費用に一致してしまうため、いずれの企業も超過利潤（正常利潤を超えた利潤）を得られないような完全競争とは異なり、参入障壁が存在する独占競争に基礎を置いて発展してきた。

　資源ベース論は、こうした産業構造分析とは異なり、企業特殊的な資源に着目するアプローチである（e.g., Barney, 1991; Peteraf, 1993）。その代表的な研究であるBarney（1991）によると、産業構造分析は、第1に、ある産業内の企業（あるいは企業グループ）が統制できる資源は同一であること、第2に、企業間で資源の異質性が生まれたとしても、その移動可能性が高い（すなわち、生産要素の取引が容易にできる）ため、異質性はすぐに消失することを仮定している。Barney（1991）は、これらの2つの仮定を緩めて、第1に、企業が統制できる資源は異質的であるという仮定（資源異質性の仮定）、第2に、企業間において資源を移転することは困難であるという仮定（移動困難性の仮定）を採用した。彼は、これらの仮定の下で、企業が競争優位（競合他社を上回る経済的価値）、とりわけ持続的競争優位を獲得するためには、いかなる特徴の資源を有する必要があるの

かということについて、価値、希少性、模倣困難性[2]、および、非代替性という４つの資源属性を取り扱った。Barney は、これらの４つの条件を満たす資源を、戦略的資源と呼んだ。そして一般的に、これらの４つの条件は、それぞれの頭文字を取って、VRIN（Value：価値、Rareness：希少性、Inimitability：模倣困難性、Nonsubstitutability：非代替性）の枠組と呼ばれる（Newbert, 2007）。

　Barney は後に、第４の条件である非代替性について、当該資源を他の資源で代替できないというのは、他の資源で模倣できないということに含まれると指摘して、非代替性の条件を、模倣困難性の条件に含めている（Barney, 1997）。そして、彼は、非代替性に代わる第４の条件として、組織（organization）を挙げている。これは、企業が保有している資源の潜在的価値を最大限に活用するための組織構造や企業政策・手続きを指している。VRIN のうち、非代替性の代わりに組織の条件を入れた枠組は、それぞれの頭文字を取って、一般的に VRIO の枠組と呼ばれている（Kozlenkova, Samaha, and Palmatier, 2014）。

　Peteraf（1993）は、古典的な経済学モデルを用いて、資源ベース論の主張を次のように整理した。図３−１には、産業全体と、その産業内に存在する２種類の企業、すなわち、高費用企業と低費用企業が示されている。まず、産業について、完全競争市場においては、供給曲線 S と需要曲線 D が交差する点において、均衡価格 p^* が決定される。さらに、完全競争下にある企業は、利潤を最大化するために、その均衡価格 p^* をプライス・テイカーとして受け入れて、それが限界費用曲線 MC と一致する点において供給量を決定する。よって、高費用企業は、均衡価格 p^* において供給量を q^1 に決定する。こうした企業は、損益分岐点において操業している企業として見なされる。他方、低費用企業は、優れた生産要素（資源や能力）を有しているため、高費用企業と同じ生産物でも、それを低費用で生産することができる。それゆえ、低費用企業の費用曲線は、高費用企業のそれに比して、下方にシフトしている。低費用企業は、均衡価格 p^* において供給量を q^2 に決定する。すると、平均費用を価格が上回り、図３−１の網掛け部分だけ超過利潤（レント）が生じる。Peteraf（1993）によると、この超過利潤は、生産要素市場において優れた生産要素を獲得できているために生じる利潤であり、一般的にリカードレントと呼ばれる。

　Peteraf（1993）は、こうした低費用企業が存在し、かつ、彼らがリカードレ

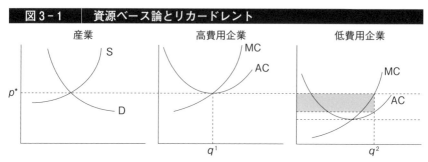

図3-1 | 資源ベース論とリカードレント

出所：Peteraf（1993），p.181.

ントを維持するためには、4つの条件が必要であると指摘した。第1は、資源の異質性である。Peterafによると、異なる費用関数を有する企業が存在するためには、そもそも企業間で獲得可能な生産要素が異なるという条件、すなわち、企業が有する資源が異なるという条件が必要である。第2は、競争に対する事後的制限である。ある資源要素を獲得した後に、その資源をめぐって競争が生じてしまい、他企業も優れた生産要素を獲得してしまうと、リカードレントは失われてしまう。Peterafは、こうした競争を事後的に制限するためには、Barney（1991）が取り扱った資源の模倣困難性や非代替性が必要であると指摘した。第3は、移動の不完全性である。Peterafによると、獲得された資源が、他社に容易には移転されないという特性がなければ、それが他社に移転してしまうことによって、リカードレントは失われてしまう。第4は、競争に対する事前的制限である。Peterafによると、生産要素市場において、優れた生産要素を獲得するための競争が激しいと、その獲得のための費用が、優れた生産要素によって得られるリカードレントを相殺してしまう。

　Barney（1991）とPeteraf（1993）が取り扱った諸概念を整理すると、**図3-2**のように示される。まず、資源ベース論の仮定として、企業が有する資源が異質的であるということ、および、そうした資源を他社に移転するのは困難であるということが挙げられる。ただし、前者の仮定には、（1）多様な資源の中には、生産物の便益を増大させるか、生産する費用を低下させるような価値ある資源が存在するということ、および、（2）そうした価値ある資源を有している企業は数少ないということが含まれている[3]（Peteraf and Barney, 2003）。これら

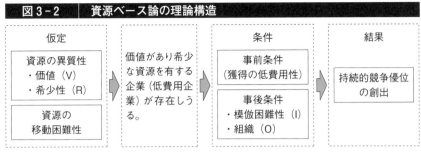

図3-2   資源ベース論の理論構造

仮定		条件	結果
資源の異質性 ・価値（V） ・希少性（R） 資源の 移動困難性	価値があり希少 な資源を有する 企業（低費用企 業）が存在しう る。	事前条件 （獲得の低費用性） 事後条件 ・模倣困難性（I） ・組織（O）	持続的競争優位 の創出

出所：Barney（1991）およびPeteraf（1993）の議論を参考に筆者作成。

の仮定の下では、生産費用関数が相対的に下方にシフトした企業、すなわち、生産物を効率的に生産することができる低費用企業が存在しうる。こうした企業は、（1）価値があり、希少な資源を獲得するのにそれほど多大な費用は掛かっておらず（獲得の低費用性があり）、かつ、（2）その資源が模倣困難性と組織の条件を満たすならば、競合他社が獲得している正常利潤を超えた超過利潤、すなわち、競争優位を持続的に生み出すことができる。

　これまで、資源ベース論は、企業成果、具体的には、持続的競争優位を検討するための分析枠組として、マーケティングや経営学の分野において頻繁に用いられており、さらに、当理論に基づいて提唱された仮説は経験的な支持を得てきた（Newbert, 2007; Crook, Ketchen, Combs, and Todd, 2008; Kozlenkova, *et al.*, 2014）。例えば、資源ベース論を用いた実証研究のメタ分析を行った Crook, *et al.* (2008)は、戦略的資源が企業成果に正の影響を及ぼすという仮説は、それまでの経験的テストにおいて、強固な支持を得ていることを見出した。

　Kozlenkova, *et al.* (2014) によると、既存のマーケティング研究はしばしば、戦略的資源として、顧客との関係性、イノベーション、あるいは、知識構築のような、マーケティング活動に関連した無形のケイパビリティを取り扱ってきた。そうしたケイパビリティの代表例として、市場志向能力、企業家志向能力、および、知識吸収能力が挙げられる。これらのケイパビリティは、もともとは資源ベース論に関する研究とは異なる研究潮流の下で登場してきた。しかしながら、いずれも1990年代以降に発展した概念であり、時を同じくして隆盛していた資源ベース論を援用して、それらのケイパビリティが企業成果に及ぼす影響を探究

するという試みが盛んに行われた。次項以降においては、市場志向論、企業家志向論、および、知識吸収能力論と称して、これらのケイパビリティに関する研究について概観したい。

◉──1-2　市場志向論

市場志向は、資源の分配・調整パターンを決定づける戦略的志向の１つである。市場志向論の先駆けとなったのは、1990年に、*Journal of Marketing* 誌に掲載された Kohli and Jaworski（1990）および Narver and Slater（1990）の２編の論文である。一方の Kohli and Jaworski（1990）は、それ以前の研究が、マーケティング・コンセプトを単なる経営哲学や政策方針に留めており、具体的にどのような活動や行動によってそのコンセプトを実現するのかを明確にしてこなかったと指摘した。この問題を解決するべく、彼らは、マーケティング・コンセプトを実現する活動を市場志向と呼んだうえで、それがどのような活動から構成されるのか、また、それはどのような要因によって規定されるのかを探究した。彼らによると、市場志向は、現在および将来の顧客ニーズに関する市場情報を全組織的に収集し、部門間で普及し、全組織的に対応するプロセスと定義される。なお、特筆するべきことに、市場情報には、顧客のニーズや嗜好に影響を及ぼす外的な市場要因（例えば、競争や規制）、および、現在と将来の顧客ニーズに関する検討が含まれる。この定義を踏まえたうえで、彼らは、市場志向を規定する要因として、トップマネジメント、部門間ダイナミクス、および、組織的システムを同定し、さらに、市場志向が企業成果に及ぼす影響の調整要因として、市場競争度のような供給側要因、および、市場変動性のような需要側要因を同定した。その後、Kohli and Jaworski（1990）の概念的検討を踏まえたうえで、Jaworski and Kohli（1993）および Kohli, Jaworski, and Kumar（1993）は、市場志向の測定方法を開発し、それが、ビジネスの全体的な成果に好ましい影響を及ぼすことを経験的に見出した。

他方の Narver and Slater（1990）は、市場志向が、学術研究者からも経営実務家からも注目を集めている概念であるにもかかわらず、それ以前の研究は、市場志向の妥当な測定方法を開発しておらず、さらには、市場志向が企業成果に及

ぼす影響を探究することもしてこなかったという問題意識を有していた。彼らは、市場志向を、「買手にとっての優れた価値と、ビジネスにとっての継続的な優れた成果を創造するために必要な行動を、効果的・効率的に創造する文化」（p.21）と定義づけたうえで、市場志向の測定方法を開発し、さらに、市場志向が企業成果に及ぼす影響を探究した。彼らは、多様な産業に属する米国の企業371事業部から収集されたデータを分析した結果、市場志向が、顧客志向、競合志向、および、機能間調整という3つの行動的要素から構成されることを見出した。さらに、非コモディティ市場において、市場志向は、ROA（総資産利益率）に対して線形の正の影響を及ぼす一方、コモディティ市場において、市場志向は、U字型の影響を及ぼすことも見出した。

　Cadogan and Diamantopoulos（1995）は、Kohli and Jaworski 流の市場志向概念と Narver and Slater 流の市場志向概念を比較検討し、両者の統合を試みた研究である。彼らによると、両者の市場志向概念は、概念的定義および操作的定義の双方において、数多くの共通点を有している一方、若干の相違点も有している。共通点としては、例えば、Naver and Slater 流の市場志向概念においても、Kohli and Jaworski 流の市場志向概念においても、市場志向は全組織的な対応であり、企業内での活動の統合が必要であることが強調されている点が挙げられる。相違点としては、例えば、Naver and Slater 流の市場志向には、市場情報として競合他社に関する情報が含まれているものの、Kohli and Jaworski 流の市場志向にはそれが含まれていないという点が挙げられる。市場志向概念の再検討を行った結果、Cadogan and Diamantopoulos（1995）は、市場志向を、「顧客・競合他社志向によって特徴づけられる、情報生成、情報普及、および、反応活動」（p.55）と定義づけ、さらに、調整メカニズムが、それらの活動を効果的・効率的に駆動すると主張した。

　加えて、Cadogan and Diamantopoulos（1995）は、海外市場における市場志向についても検討した。彼らによると、海外市場は、国内市場とは異なり、法的、政治的、経済的、競争的、技術的、社会文化的、流通構造的、および、地理的な障壁が存在し、それらの障壁は、企業による市場志向の実現を阻む。そして、彼らは、国内市場における市場志向と、海外市場における市場志向は、概念的には同一であるが、両者には異なる測定方法を採用する必要がある、すなわち、それ

ぞれの質問項目において強調する要素を変更する必要があると指摘した。この指摘を踏まえて、Cadogan, Diamantopoulos, and Mortanges（1999）は、海外市場における市場志向、すなわち、輸出市場志向の測定方法を開発した。具体的には、彼らは、輸出市場における情報の生成、普及、反応に関する質問項目を、Jaworski and Kohli（1993）、Narver and Slater（1990）、および、定性的インタビュー調査を参考にして開発した。実証分析に際しては、英国における輸出企業198社から収集されたデータを用いて測定方法の妥当性を検討し、さらに、オランダの輸出企業103社から収集されたデータを用いて、クロスバリデーションを実施した。その結果、英国とオランダのいずれのサンプルを用いても、充分な妥当性が示されるような輸出市場志向の質問項目を開発することに成功した。

　このように、市場志向に関する研究は、その概念の精緻化と測定方法の開発を進めてきたわけであるが、市場志向が企業成果に及ぼす影響を探究するのに際して援用してきたのが、資源ベース論である（e.g., Hult, Ketchen, and Slater, 2005; Cadogan, Kuivalainen, and Sundqvist, 2009; Morgan, Vorhies, and Mason, 2009; Murray, Gao, and Kotabe, 2011）。資源ベース論を援用した既存研究は、市場志向をVRINの基準を満たす戦略的資源として見なしてきた。例えば、Murray, et al.（2011）によると、市場志向は、企業のマーケティング能力を高めるのに役立つため、価値ある資源として見なされる。また、Cadogan, et al.（2009）によると、市場志向は、政策マニュアルや教科書を読むだけでは身に付けられないような、社会的に複雑で、暗黙的な性質をもつため、模倣不可能な資源として見なされる。既存研究は、このように資源ベース論を援用し、市場志向を戦略的資源として見なしたうえで、市場志向が企業成果に対して正の影響を及ぼすことを理論的・経験的に示してきたのである。

◉── 1-3　企業家志向論

　前項の焦点であった市場志向は、資源の分配・調整パターンを決定づける戦略的志向の１つであるが、そうした市場志向と同じく、企業の戦略的志向として見なされるのが、企業家志向である。企業家志向は、企業家精神をイノベーションの創造として捉えたJoseph Schumpeterによる研究や、企業家精神を利益機

会に対する機敏性として捉えた Israel Kirzner による研究に基礎を置く概念であり[4]、1980年代以降、マーケティング論や経営学の分野において頻繁に取り扱われてきた[5]。代表的な先駆的研究として、Miller（1983）が挙げられる。Miller（1983）は、企業家精神を３つの次元で捉えたうえで、企業家精神の規定要因を実証的に検討した初めての研究であった[6]。それ以前の研究は、企業家精神を、経営者個人のパーソナリティとして捉えてきたのに対して、Miller（1983）は、個人ではなく、企業組織の行動として捉えた。彼によると、企業家的企業は、製品市場のイノベーションに従事し、ある程度のリスクを伴う事業を積極的に引き受け、先進的なイノベーションを初めに思いつき、競合他社に対して先手を打つ企業と定義づけられる。彼は、リーダー要因、環境要因、組織要因、および、戦略要因が、企業家精神に及ぼす影響は、単純型企業、計画型企業、および、有機型企業という３種類の企業タイプによってどのように異なるのかを検討した。多様な産業における企業52社から収集されたデータを分析した結果、企業家精神に影響を及ぼす要因は、単純型企業については、リーダー要因（パーソナリティ、パワー、および、知識）であり、計画型企業については、戦略要因であり、有機型企業については、組織要因（分権化）や環境要因（環境の動態性、および、敵対性）であることが見出された。Miller（1983）は、企業家志向に関する実証研究が盛んに行われる契機を生み出したという点において、高く評価される研究であろう。

　Miller（1983）と同様に、企業家志向の先駆的研究として挙げられるのが、Covin and Slevin（1989）である。彼らは、小規模企業を対象として設定し、敵対的環境下において、組織構造と戦略的姿勢（strategic posture）が企業成果に及ぼす影響を検討した。ただし、敵対的環境とは、不安定で競争が激しく、ビジネスの雰囲気が厳しく、そして、利用可能な機会がそれほど存在しないような環境のことである。彼らが戦略的姿勢として焦点を合わせたのが、企業家志向－保守的志向であった[7]。彼らは、Miller（1983）に倣って、企業家志向を、革新性、リスク志向、および、積極性の３つの次元から構成される概念として定義づけた。なお、保守的志向は、企業家志向の対極に位置づけられていることから明らかなように、企業家志向の水準が低い志向、すなわち、非企業家志向を意味している。米国の小規模企業161社から収集されたデータを分析した結果、企業家志向という戦略的姿勢は、敵対的な環境の場合においてのみ、企業成果に対して正の影響を

及ぼすことが見出された。すなわち、利益獲得の機会が限られている競争的環境下では、そうした環境を積極的に克服するような企業家志向を有する企業が、高い成果を獲得できることが示唆された。

　Lumpkin and Dess（1996）は、企業家志向に関するそれまでの研究の知見を再検討した。彼らによると、企業家志向は、新規参入につながるようなプロセス、実践、および、意思決定活動と定義づけられ、また、新規参入を行う主体は、個人、小規模企業、および、大規模企業内の戦略的事業単位のいずれかである。企業家志向の次元として、Miller（1983）や Covin and Slevin（1989）が革新性、リスク志向、および、積極性の3つの次元を取り扱ってきたのに対して、Lumpkin and Dess（1996）は、これらの3つの次元に加えて、さらに2つの次元を同定した。第1は、攻撃性であり、これは、新規参入を達成する、あるいは、ポジションを向上するために、競合他社と直に激しく立ち向かう傾向のことである。第2は、自律性であり、これは、アイディアやビジョンを生み出す際の、あるいは、それを最後まで実行する際の、個人やチームの独立した行動のことである。彼らは、企業家志向が、革新性、リスク志向、積極性、攻撃性、および、自律性の5つの次元によって特徴づけられること[8]、また、企業家志向が企業成果に及ぼす影響は、環境要因や組織要因によって調整されることを示した。

　Lumpkin and Dess（1996）に倣って、Jambulingam, Kathuria, Doucette（2005）や Hughes and Morgan（2007）は、企業家志向を5つの次元から構成される概念として捉えたうえで、実証分析に際しては、5つの次元を測定した。さらに、Boso, Cadogan, and Story（2012）は、海外市場における企業家志向、すなわち、輸出企業家志向の概念を取り扱っており、その測定方法を開発した。例えば、彼らは、積極性を測定する質問項目として、「輸出先市場の新たな需要に適合するために首尾一貫したポジショニングを行っている」という新たな質問項目を追加した。Boso, *et al.*（2012）が開発した尺度を用いて輸出企業家志向を測定した Cadogan, Boso, Story, and Adeola（2016）は、多様な産業における英国の輸出企業212社から収集されたデータを分析した結果、輸出企業家志向が企業成果に対して逓増的な正の影響を及ぼすことを見出した。

　企業家志向は、市場志向と同様に、マーケティングや経営学の分野において頻繁に用いられ、それが企業成果に及ぼす影響について経験的な支持を得てきた。

例えば、企業家志向と企業成果の関係についてメタ分析を行った Rauch, Wiklund, Lumpkin, and Frese（2009）は、両者の相関係数が正かつ有意であったことから、この関係は経験的に強固な支持を得ていると結論づけた。特筆するべきことに、企業家志向が企業成果に及ぼす影響を探究した研究の多くは、資源ベース論を援用している。実際、Wiklund and Shepherd（2011）は、資源ベース論に依拠し、企業家志向を企業の優位性として捉える考え方が支配的であると指摘している。彼らは、企業家志向が VRIN の基準を満たすか否かについての詳細な議論を行っていないものの、持続的な競争優位の獲得には、VRIN の4つの基準が必要であると言及することによって、企業家志向が、価値、希少性、模倣困難性、および、非代替性を満たすような戦略的資源であることを示唆している。既存研究は、このように資源ベース論を援用し、企業家志向を戦略的資源として見なしたうえで、企業家志向が企業成果に対して正の影響を及ぼすことを理論的・経験的に示してきたのである。

◉── 1-4　知識吸収能力論

　知識吸収能力は、Wesley M. Cohen と Daniel A. Levinthal による一連の著作（Cohen and Levinthal, 1989, 1990）によって提唱された概念であり、外部知識の獲得と活用にかかわる学習能力[9]である。Cohen and Levinthal（1989）は、次のような問題意識を有していた。すなわち、それ以前の研究では、企業の研究開発（R&D）には、新知識を生み出すという役割のみが想定されてきたが、その他にも、既存知識を吸収同化し活用する能力を高めるという役割も担っているのではないかということであった。そして、Cohen and Levinthal（1989）は、「外部環境に関する知識を識別し、吸収同化し、活用する能力」（p.569）を知識吸収能力と呼び、その規定要因を探究した。米国企業の研究開発部門に関するアーカイバルデータを用いて分析を行った結果、知識吸収能力の主たる規定要因は、技術的な機会と知識の専有可能性であることが見出された。すなわち、当該技術が幅広く応用可能な技術であるほど、また、当該技術が特許を申請せずとも知識が守られるような技術であるほど、企業は研究開発に投資し、ひいては知識吸収能力を高めることが示された。

　Cohen and Levinthal（1990）は、個人の学習や記憶に関する認知科学・行動科学の知見を援用することによって、知識吸収能力の概念を精緻化しようと試みた。認知科学・行動科学の知見によると、個人の学習や記憶の蓄積は、累積的に行われるものであり、新しい知識を吸収するためには、それに関連した事前知識を有していることが重要である。もし事前知識を有していれば、それと新たな知識を結びつける関連学習が活発に行われるのである。ただし、事前知識には、基礎的な技術や共通の言語だけではなく、当該分野の科学技術に関する最新知識も含まれる。Cohen and Levinthal（1990）は、こうした研究知見を踏まえたうえで、組織の知識吸収能力の発展には、個人の学習と同様に新知識と関連した事前知識が必要であること、個人の学習とは異なり知識を組織内で移転・意思疎通することが重要であること、さらに、知識吸収能力の発展は、過去の知識量に応じて累積的に行われるため、経路依存的な特徴を有することを示した。

　Lane and Lubatkin（1998）は、Cohen and Levinthal の知識吸収能力論を、企業間のアライアンス関係へと応用した研究である。彼らによると、企業同士がアライアンスを締結し対面で交流しただけでは、暗黙的な知識の獲得やケイパビリティの発展は望めず、もし、知識の獲得とケイパビリティの発展を実現したいのであれば、知識吸収能力が必要であるという。それでは、企業間学習の文脈において、知識吸収能力をいかなる要因が規定するのかという問いに解答を与えるべく、Lane and Lubatkin（1998）は、アライアンス企業同士の相対的な特徴、具体的には、企業同士の類似性に着目した。医薬品企業とバイオテクノロジー企業の間のアライアンスに関して31社から収集されたデータを分析した結果、基礎知識の類似性、報酬慣行の類似性、および、直面している問題の類似性が、企業間学習に正の影響を及ぼすことが見出された。すなわち、アライアンスを締結している企業間において、生化学技術のような基礎的な基盤技術・知識が似ているほど、報酬慣行が似ていて問題解決方法も似ているほど、同じ研究コミュニティに所属して同じような問題に直面しているほど、知識吸収能力が発展し、企業間学習が促進されることが見出された。Lane and Lubatkin（1998）は、知識吸収能力をダイアド関係に拡張し、その応用範囲を拡大したという点において、高く評価することができる[10]。

　知識吸収能力は、上述のように、学習能力の1つに分類されていることから

明らかなように、外部情報を吸収・同化・活用するためのケイパビリティとして見なされている（Lane, Koka, and Pathak, 2006）。Cohen and Levinthal（1990）やLane and Lubatkin（1998）に続く既存研究は、資源ベース論を援用しつつ、知識吸収能力を、VRINの基準を満たす戦略的資源として捉えたうえで、それが外部情報の獲得、企業の革新性、ひいては企業成果に及ぼす影響を探究してきた（e.g., Chen, Lin, and Chang, 2009; Tzokas, Kim, Akbar, and Al-Dajani, 2015）。そして、そうした影響に関する仮説は、経験的な支持を得てきた。

　以上に概観された研究がいずれも、企業の研究開発活動を対象として議論を展開してきたのに対して、マーケティング・チャネル研究者たちは、企業の流通活動を対象として議論を展開してきた（e.g., Johnson, Sohi, and Grewal, 2004; Li, Cui, and Liu, 2017）。こうした研究者たちは、知識吸収能力を、外部の流通業者に関する学習能力として取り扱っている。例えば、Johnson, et al.（2004）は、チャネル関係における学習能力の役割は、ごく少数の概念的研究において議論されているのみであると指摘したうえで、売手－買手のチャネル関係における学習能力や知識蓄積の役割を探究した。彼らは、多様な産業に属する米国の買手企業319社から収集されたデータを用いて、相互作用に関する知識蓄積、機能に関する知識蓄積、および、環境に関する知識蓄積が、取引関係の質と取引関係ポートフォリオの有効性に正の影響を及ぼすことを見出した。すなわち、取引相手との交流やコミュニケーションに関する知識、コスト削減や品質統制に関する知識、および、競争的行動や市場状況に関する知識を有していれば、取引相手と信頼感・安定感のある長期的関係を形成できて、さらには、取引関係全体での有効性を高められることを示唆した。このように、既存研究は、戦略的資源たる知識吸収能力が、研究開発活動だけではなく、流通活動においても重要な役割を果たすことを示してきた。そうした潮流を踏まえると、知識吸収能力がチャネル管理にいかなる影響を及ぼすのかを探究することは、今後の有望な研究課題であると言える。

　以上、Barney（1991）およびPeteraf（1993）を中心に、資源ベース論に関する既存研究と、それに関連した研究として、市場志向論、企業家志向論、および、知識吸収能力論に関する既存研究を概観した。これまで概観した研究は、いずれも、資源ベース論の先駆けとなったBarney（1990）やPeteraf（1993）に基づいて、価値、希少性、および、模倣困難性・非代替性を満たす戦略的資源が企業成

果に及ぼす影響を検討してきた。他方において、資源やケイパビリティに着目しつつ、それが、企業成果に対していかなる影響を及ぼすのかという問いではなく、企業境界[11]に対していかなる影響を及ぼすのかという問いに取り組んだ研究も存在する。そうした研究を、ケイパビリティ論に関する研究と称して、次節において概観したい。

2. ケイパビリティ論

先述したように、ケイパビリティ論は、企業成果ではなく、企業境界を説明対象として設定している理論である（Langlois and Robertson, 1995; Madhok, 1997; Sharma and Erramilli, 2004）。ケイパビリティ論は、しばしば取引費用理論と対比され、その限界点を克服しうる分析枠組として注目を集めてきた。取引費用理論（Coase, 1937; Williamson, 1975）は、第2章において先述したとおり、取引費用こそが、企業境界を決定すると主張する理論であり、数多くの研究者たちによって、企業境界の問題に取り組むための支配的な分析枠組として位置づけられてきた（e.g., Poppo and Zanger, 1998; Geyskens, Steenkamp, and Kumar, 2006）。チャネル研究を概観した近年の論文（Watson, *et al.*, 2015; Li, He, and, Sousa, 2017）においても、マーケティング・チャネルにおける企業境界の問題、すなわち、チャネル選択の問題に取り組んだ研究の大半は、取引費用理論を援用していると指摘されている[12]。John and Reve（2010）は、こうした状況に鑑みて、「過去30年間、この分析枠組（すなわち、取引費用理論）は、マーケティング・チャネルについて理解するための支配的なレンズとなってきた」（p. 248）と述べている。しかしながら、取引費用理論は、企業間の能力差、すなわち、企業ごとにケイパビリティが異なるのを考慮に入れていないという点において、限界を抱えていることも、数多くの研究者たちによって指摘されてきた[13]（e.g., Argyres, 1996; Barney, 1999; Madhok, 2002; 久保, 2011; 高田, 2013）。Barney（1999）は、この点について、次のように言及している。

「［取引費用理論に関する］こうした議論全体において、当該企業と取
引相手間の能力の差がまったく問題にされてこなかったということに
は注意するべきである。企業境界に関する伝統的な取引費用分析にお
いて、企業能力は、さほど大きな役割を担っていないのである。」

Barney（1999），p.140.

　ケイパビリティ論は、企業が有するケイパビリティの強み・弱みや、ケイパビ
リティの移転に際して生じる費用こそが、企業境界を決定すると主張しており、
上述した取引費用理論の限界点を克服しようとしている（Langlois and Robertson,
1995; Madhok, 1997; Sharma and Erramilli, 2004）。ここでは、その代表的な研究
である Langlois and Robertson（1995）について検討したい。彼らは、取引費
用理論とは異なり、資源の異質性と、資源の移動困難性という仮定を採用したう
えで、企業組織を、企業特殊的なケイパビリティの束として捉えた。彼らによる
と、一方において、取引費用理論は、企業の存在理由を、機会主義的行動を抑制
するためのインセンティブ機能に求めており、それは囚人のジレンマゲームに対
する解として生成する。他方において、ケイパビリティ論は、企業の存在理由を、
資源を効率的に配置するためのコーディネーション機能に求めており、それは
コーディネーションゲームに対する解として生成する[14]。

　このような企業観の下、Langlois and Robertson（1995）は、「外部サプライ
ヤーにたいして、説得、交渉、コーディネーション、そして教示を行う費用」
（Langlois and Robertson, 1995, 邦訳 p. 62）、あるいは、「必要とするときに、必要
なケイパビリティをもたないことに起因する費用」（ibid, 邦訳 p.62）である動的
取引費用が、企業境界を決定づけると主張した。彼らは、動的取引費用を高め、
ひいては垂直統合を促す要因として、活動間の相互依存性、知識の暗黙性、およ
び、市場の有能性を取り扱っていると考えられる（久保, 2003b; 髙田, 2013）。まず、
活動間の相互依存性について、Langlois and Robertson（1995）は、「ある生産
段階における変化が、単一ないし複数の多段階における変化を同時に必要とす
る」（邦訳 p.66）という意味での相互依存性を検討している[15]。彼らによると、
相互依存性の高い活動には、暗黙的な手続きや質的な知識のやり取りといった
コーディネーションが求められるという。それを踏まえて、彼らは、相互依存性

の高い活動、すなわち、コーディネーションが必要な活動を外部主体から購買し
ようとすると、動的取引費用が禁止的に高くついてしまうため、それを節約する
べく、企業は当該活動を内部化すると主張した。

　次に、Langlois and Robertson（1995）は、知識の暗黙性と関連する議論とし
て、時間の短期・長期と、企業の統合・分化について、次のように考察している。
彼らによると、時間的に短い期間においては、企業の特異的で暗黙的な知識を外
部主体に伝達することは難しく、それゆえ、垂直統合が生じる傾向にある。他方、
時間的に長い期間においては、各企業が実践することによって暗黙的な知識の移
転が進んで、ケイパビリティが入手しやすくなるため、垂直統合が生じにくい。
以上の議論を展開することによって、Langlois and Robertson（1995）は、企業
は、暗黙的な知識が必要な活動を外部主体から購買しようとすると、動的取引費
用が禁止的に高くついてしまうため、それを節約するべく、当該活動を内部化す
る傾向にあることを示唆した。

　最後に、Langlois and Robertson（1995）は、市場の有能性が低い場合、すな
わち、市場に有能な外部主体が存在しない場合、企業は、内部化を実施すること
を示唆した。そうした状況を生じさせる要因として、例えば、活動の革新性が挙
げられる。革新的な活動を外部主体に委託するには、取引主体は、新奇的かつ特
異的な知識を外部主体に委託しなければならないわけであるが、それは極めて困
難である。なぜなら、そうした知識は革新的であるがゆえに、それを容易に学習
することができるような有能な外部主体が市場に存在しないからである。このよ
うに、Langlois and Robertson（1995）は、市場の有能性が低い場合、企業は、
外部主体に対して知識を移転する動的取引費用が禁止的に高くついてしまうため、
それを節約するべく、当該活動の内部化を実施することを示唆した。

　以上の議論に基づくと、ケイパビリティ論の理論構造は、**図3-3**のように示
すことができる。ケイパビリティ論においては、取引主体に、限定合理性が仮定
され、企業が有するケイパビリティは異質的かつ移転困難であり、そして、企業
組織は市場に比べて、質的な知識を首尾よくコーディネーションできるという点
において優れていると仮定される。こうした仮定の下では、企業が有するケイパ
ビリティやその移転に伴う費用こそが、企業境界を決定すると考えられる。具体
的には、ケイパビリティ論は、活動間の相互依存性、知識の暗黙性、および、市

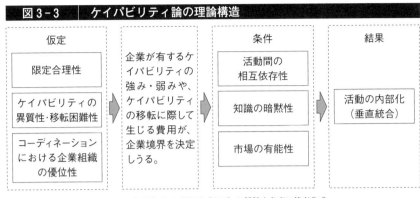

図3-3　ケイパビリティ論の理論構造

| 仮定 | | 条件 | 結果 |

- 限定合理性
- ケイパビリティの異質性・移転困難性
- コーディネーションにおける企業組織の優位性

企業が有するケイパビリティの強み・弱みや、ケイパビリティの移転に際して生じる費用が、企業境界を決定しうる。

- 活動間の相互依存性
- 知識の暗黙性
- 市場の有能性

活動の内部化（垂直統合）

出所：Langlois and Robertson（1995）および髙田（2013）の議論を参考に筆者作成。

場の有能性が、活動の内部化ないし垂直統合を生じさせると主張するのである。

　以上、Langlois and Robertson（1995）を中心に、ケイパビリティ論に関する既存研究を概観した。本節の冒頭において述べたように、ケイパビリティ論は、取引費用理論の限界を克服しうる分析枠組として期待されており、近年、マーケティング・チャネル研究においても、その適用が盛んに行われ始めている（e.g., Gulbrandsen, Sandvik, and Haugland, 2009; 久保, 2011; Takata, 2019）。しかしながら、ケイパビリティ論を援用した研究の数はそれほど多くなく、未探究の問題も残されているため、今後のチャネル研究には、ケイパビリティ論のさらなる精緻化と、ケイパビリティ論に関する仮説の経験的なテストを、精力的に行うことが求められていると言える（Li, et al., 2017）。

3．関係論

　本章第1節において概観された資源ベース論の分析単位は、個別単体の「企業」であった。それゆえ、当該理論が焦点を合わせてきたのも、個別企業が有する資源であった。しかしながら、そうした資源だけではなく、二社の企業間関係に埋め込まれた企業間資源も、成果を生み出す源泉となりうる。そこで、資源ベース論の知見を活かし、その分析単位を個別企業に留め置かず、企業間関係に拡張したのが、関係論である。関係論を提唱した Dyer and Singh（1998）は、産業全体の構造や企業単独の資源によって競争優位が達成されると主張した従来の分析枠組とは異なり、企業間関係によってこそ競争優位が達成されると主張した。特定の企業間関係（すなわち、ダイアド関係）では、他のダイアド関係では生み出せないような高い成果が生み出されることがある。Dyer and Singh（1998）は、「企業単独では創造することができず、提携相手同士の特異的な貢献によってのみ創造されうる、取引関係における二者が共同で生み出す超過利潤」（p.662）を関係レントとして定義し、それを獲得するためには、関係特殊資産、知識共有ルーティン、補完的資源、および効果的統御という4つの決定要因が重要であると主張した。

　第1の決定要因である関係特殊資産とは、取引費用理論に基づく概念であり、「提携相手の資産と結びついた特別な資産」（p.662）のことである。Dyer and Singh によると、企業は、関係特殊資産に投資を行うと、調整費用の低下、垂直的連鎖全体における費用の低下、製品の差別化、欠陥品数の減少、および、製品開発の迅速化を実現できるため、関係レントを獲得できる。第2の決定要因である知識共有ルーティンとは、「専門化した知識の移転、再結合、および、創造を可能にする企業間の定期的な相互作用のパターン」（p.665）のことである。Dyer and Singh によると、企業は、提携先企業と知識を共有する機会を定期的に設ければ、企業成果を向上させるような新たなアイディアや情報を定期的に入手できるため、関係レントを獲得できる。第3の決定要因である補完的資源とは、「合わせると、それぞれの企業の個々の資産の総和以上の利益を生み出す、提携

先に特有の資源」（p.666）のことである。Dyer and Singh によると、企業は、自社と他社の補完的な資源を組み合わせると、相乗効果を生み出すことができるため、関係レントを獲得できる。第4の決定要因である効果的統御とは、取引属性に適合した統御のことである。Dyer and Singh によると、企業は、効果的統御を設計することによって、取引費用を最小化することができるため、あるいは、関係特殊資産に対する投資、知識共有ルーティンの形成、補完的資源の構築のような価値創造努力を促進することができるため、関係レントを獲得できる。

　注意すべきことに、Dyer and Singh（1998）は、これらの4つの企業間資源のうちの効果的統御が、関係レントの創造に直接的に影響を及ぼすというより、他の3つの企業間資源の活用を促すということを示唆している。実際、彼らは、「…［第4の要因である］統御は、単純に取引費用を低下させることによって、関係レントを生み出すかもしれないけれど、統御の問題は、他のレント創出源それぞれの範囲にまで広く及んでいる…［例えば、どんな関係特定的投資が行われるのか、どんな知識が共有されるのかなど］…」（p.662）と述べている。

　このように、関係論は、資源ベース論の知見を活かして、企業間資源が関係レントを生じさせると主張する理論であるわけであるが、関係論と資源ベース論の共通点や相違点は何であろうか。これについて、Kozlenkova, et al.（2014）は、関係論は、古典的な資源ベース論とは異なり、その分析単位が企業ではなく交換であると指摘した。一方で、彼らは、関係論は、古典的な資源ベース論と同様に、資源の異質性と資源の移動困難性という基礎的な2つの仮定を採用していると主張した。すなわち、売手−買手のダイアド関係において構築される企業間資源は、ダイアド関係ごとに異なり、さらに、そうした企業間資源を他のダイアド関係に容易には移転不可能であると主張した。

　加えて、Kozlenkova, et al.（2014）は、関係論に対して、資源ベース論におけるVRIOの基準が適用可能か否かについても考察した。彼らによると、第1に、企業間資源の中には、当該企業間の取引費用を削減し、新しい価値を創造する価値ある資源が存在し、第2に、企業間資源の中には、他の競合する企業間関係には見られない希少な資源が存在し、第3に、企業間資源の中には、他の企業間関係には、模倣不可能な資源が存在し、第4に、企業間資源の価値を最大限に発揮するためにはそれが組織化されている必要がある。以上より、彼らは、資

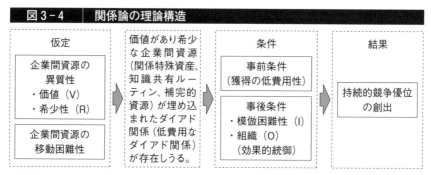

図3-4　関係論の理論構造

| 仮定 | 価値があり希少な企業間資源（関係特殊資産、知識共有ルーティン、補完的資源）が埋め込まれたダイアド関係（低費用なダイアド関係）が存在しうる。 | 条件 | 結果 |

出所：Dyer and Singh（1998）およびKozlenkova, et al.（2014）の議論を参考に筆者作成。

源ベース論における VRIO の基準は、関係論にも適用可能であると結論づけた。ただし、組織（O）の基準について、企業間資源を活用する具体的な要因として、例えば、統御形態、組織構造、あるいは、インセンティブシステムのような要因が求められるわけであるが、これらは、企業レベルの組織要因とは極めて異なると指摘した。そのうえで、Kozlenkova, et al.(2014)は、関係論を用いた研究の課題として、具体的にどのような要因が、企業間資源の活用を促進しうるのかを同定する必要があると述べた。

　以上の議論を踏まえると、関係論の基礎的な理論構造は、資源ベース論の理論構造と同一であると見なすことができる。**図3-4**に示すとおり、資源の異質性と資源の移動困難性の仮定の下では、価値があり希少な企業間資源が埋め込まれたダイアド関係が存在する。具体的な企業間資源として、関係特殊資産、知識共有ルーティン、および、補完的資源の3つが挙げられる。そして、これらを獲得・開発するのに費用が掛からず、かつ、他社から模倣困難でそれを活用することが可能な組織構造を有していれば、当該ダイアド関係は、持続的競争優位を達成できる。なお、Dyer and Singh(1998)が、効果的統御を他の3つの企業間資源を活用する役割として位置づけていることから、効果的統御は、事後条件のうちの組織（O）の要因に含められるであろう。

　関係論は、マーケティング・チャネル研究において、売手と買手のチャネル成果を検討するための分析枠組として有力視され[16]、これまで盛んに援用されてきた（e.g., Jap, 1999; Corsten and Kumar, 2005; Prior, 2012; Skarmeas, et al., 2016）。

例えば、Skarmeas, *et al.*（2016）は、海外取引におけるダイアド関係、すなわち、輸出業者（売手）と輸入業者（買手）のダイアド関係を研究対象に設定し、チャネル成果の規定要因を探究した。彼らは、繊維、化学、機械、あるいは、装置産業に属する英国の輸入業者271社から、輸入先たる他国の製造業者との取引関係に関するデータを収集した。分析の結果、関係特定的投資、知識共有、補完的能力、および、関係的規範（効果的統御）が高いチャネル成果を生成することが見出された。したがって、関係論において提示された４つの決定要因がチャネル成果を高めるための重要な源泉であること、それは、互いに異なる国に拠点をもつ企業間関係においても当てはまることが示唆された。

4. 小括

　以上、資源ベース論、ケイパビリティ論、および、関係論に関する研究について概観した。これまでの議論を踏まえると、これらの理論の重要な仮定、説明対象、分析単位、鍵概念、主な知見、および、マーケティング研究への適用については、**表３-１**のように要約される。資源ベース論、ケイパビリティ論、および、関係論ははいずれも、企業特殊的な資源やケイパビリティと関連した理論群であり互いに共通点を有する一方で、いくつかの相違点も有している。

　まず特筆するべきことに、これらの３つの理論は共通して、資源やケイパビリティの異質性および資源やケイパビリティの移動困難性という２つの基礎的な仮定を採用している。すなわち、他社には容易には移動しない、企業ごとに特殊的・特異的な資源やケイパビリティが存在するという仮定を採用している。そして、そうした仮定に基づいて、資源やケイパビリティが、企業の行動・戦略・意思決定・成果を決定づけると主張している。このような共通点を強調して、これらの諸理論を、資源ベースト・パースペクティブ（resource-based perspective）という大きな分析枠組ないし分析視点として一括りにして捉えることもできる（Foss, 1997）。

　他方において、相違点もいくつか存在する。分析単位の違いこそあるものの、

表3-1　資源と能力に関する理論の比較

	資源ベース論	ケイパビリティ論	関係論
仮定	・資源の異質性 ・資源の移動困難性	・ケイパビリティの異質性 ・ケイパビリティの移動困難性 ・限定合理性	・資源の異質性 ・資源の移動困難性
説明対象	・企業成果 ・持続的競争優位	・企業境界 ・チャネル構造	・関係レント ・ダイアド成果
分析単位	・個別企業	・個別企業	・企業間のダイアド関係
鍵概念	・VRIN ・VRIO ・事前・事後的制限	・活動間の相互依存性 ・知識の暗黙性 ・市場の有能性	・関係特殊資産 ・知識共有ルーティン ・補完的資源 ・効果的統御
主な知見	・価値があり、希少な資源を有している企業は、競争優位を獲得しうる可能性を有する。 ・そうした資源の獲得費用が掛からず、かつ、それを活用するための組織化が行われているのであれば、当該企業は、持続的な競争優位を達成する。	・企業が有するケイパビリティの強み・弱みや、ケイパビリティの移転に際して生じる費用が、企業境界を決定する。 ・活動間の相互依存性が大きい場合、および知識の暗黙性が大きい場合、あるいは、市場の有能性が小さい場合、企業は活動の内部化を実施する。	・関係特殊資産、知識共有ルーティン、および、補完的資源のような価値があり、希少な企業間資源が埋め込まれたダイアド関係は、関係レントを獲得しうる。 ・そうした資源の獲得費用が掛からず、かつ、それを活用する資源が模倣困難であり、かつ、それを活用するための組織的な統御のような組織要因を備えていれば、持続的な競争優位を達成するための効果的なダイアドを構成する。
マーケティング研究への適用	・資源やケイパビリティ（例：市場志向、企業家志向、知識吸収能力）が企業成果に及ぼす影響を探究する分析枠組として用いられている。	・チャネル選択の問題に取り組むための分析枠組として用いられている。	・チャネル成果、すなわち、売手企業と買手企業のダイアド成果を探究するための分析枠組として用いられている。

資源ベース論と関係論の説明対象がいずれも企業成果であるのに対して、ケイパビリティ論の説明対象は、企業境界である。すなわち、資源ベース論・関係論と、ケイパビリティ論の二者は、焦点を合わせている問題が異なるのである。それゆえ、それぞれの理論が登場してきた研究潮流も異なる。具体的には、前者は、Porter（1980）に代表される経営戦略論と呼ばれる分野において議論されてきた一方、後者は、Coase（1937）に代表される組織の経済学ないし新制度派経済学と呼ばれる分野において議論されてきた。さらに、説明対象の違いに起因して、マーケティング・チャネル研究への適用分野も異なる。具体的には、資源ベース論や関係論が、チャネル管理の分野において用いられる傾向にあるのに対して、ケイパビリティ論は、垂直統合を含むチャネル選択の分野において用いられる傾向にある。

　資源ベース論と関係論の相違点は、その分析単位に求められる。資源ベース論の分析単位は個別企業であり、当理論は、個別企業が有する資源が企業成果に及ぼす影響を検討するのに対して、関係論の分析単位は企業間のダイアド関係であり、当理論は、ダイアド関係に埋め込まれた企業間資源がダイアド成果に及ぼす影響を検討する。他方において、そもそも関係論が、資源ベース論を拡張した分析枠組という性格を有するため、両者は、数多くの共通点を有している。具体的には、いずれも、単なる競争優位ではなく、持続的な競争優位に焦点を合わせている。そして、そうした持続的な競争優位を獲得するためには、個別企業が有する資源、あるいは、ダイアド関係に埋め込まれた資源が、価値、希少性、および、模倣困難性の基準を満たし、さらには、それらの資源を活用する組織要因が必要であると主張している。

　本書は、次章以降において、前章において指摘された既存研究が抱える3つの問題（問題Ⅰ〜Ⅲ）を解消するべく、3つの実証研究を展開する。その際に、本章において検討された資源・能力に関する理論や関連概念を用いる。資源ベース論（および、それに関連した市場志向論、企業家志向論、知識吸収能力論）、ケイパビリティ論、および、関係論と、本書の実証研究の対応関係は、**表3−2**に示すとおりである。実証研究Ⅰにおいては、市場志向論、企業家志向論、および、ケイパビリティ論の知見を援用し、輸出市場志向能力と輸出企業家志向能力がデュアル・チャネルの選択に及ぼす影響を探究する。実証研究Ⅱにおいては、知識吸

表3-2	資源と能力に関する理論と本書の実証研究			
理論	実証研究Ⅰ	実証研究Ⅱ	実証研究Ⅲ
資源ベース論			
市場志向論	○		
企業家志向論	○		
知識吸収能力論		○	
ケイパビリティ論	○		
関係論			○

収能力論に関連した概念として対立学習能力を取り扱い、それがデュアル・チャネルにおける対立に及ぼす影響を探究する。そして、実証研究Ⅲにおいては、関係論の知見を援用したうえで、関係特殊資産、知識共有ルーティン、補完的資源の3つの企業間資源とチャネル成果の因果関係に対して、デュアル・チャネルが及ぼす影響を探究する。

［付記］
第3章：本章は、下記の既発表論文に加筆修正を施したものである。
石井隆太（2022）、「マーケティング・チャネル研究における資源と能力に関する理論の検討」、
　『立命館経営学』、第60巻、第5号、pp.117-142.

(1)同語反復の問題や部分均衡の問題など、資源ベース論には解決されるべき問題が多いため、資源ベース理論ではなく、資源ベース論と呼称する研究者が数多く存在する（e.g., Priem and Butler, 2001）。本書は、そうした研究者に倣って、資源ベース論という名称を用いる。ただし、近年、資源ベース論ではなく、資源ベース理論と呼ぶ研究者が増加する傾向にあることには留意するべきであろう（Kozlenkova, et al., 2014）。
(2)Barney（1991）によると、資源が模倣困難性を有するためには、次の3つの条件のうちのいずれかが必要である。その3つの条件とはすなわち、（1）その資源が構築された背景には、企業に特異な歴史が存在する（歴史的条件）、（2）その資源が構築された因果関係が不明である（因果曖昧性）、および、（3）その資源の構築には、個人間ないし企業間の社会的な関係が存在する（社会的複雑性）、である。
(3)Barney（1991）とPeteraf（1993）はいずれも、資源の異質性に関する議論を展開している。すなわち、Barney（1991）は、資源ベース論の1つの重要な仮定として取り扱っており、Peteraf（1993）は、レントを創出・維持するための1つの条件として取り扱っている。

Peteraf and Barney（2003）によると、両者は、異なる意味で、資源の異質性という用語を使用しているという。具体的には、資源の異質性という概念は、Barney（1991）においては、単に企業間の資源が異なることを意味するのに対して、Peteraf（1993）においては、価値ある希少な資源が企業間で異質的に配分されていることを意味するという。

(4) 企業家精神に関する先駆的な研究として、Schumpeter（1934）やKirzner（1973）の他に、Penrose（1959）を位置づける研究者も存在する（e.g., Mahoney and Michael, 2005）。Penrose（1959）は、成長機会を発見するには、その可能性を念入りに検討するような経済的な意思決定ではなく、企業家の直観や想像力が必要であると述べていることから明らかなように、彼女が意図していた企業家精神は、Schumpeter（1934）型の企業家精神ではなく、Kirzner（1973）型の企業家精神であったと考えられる。

(5) Shumpeter（1934）は、均衡を破壊して新たな均衡へと向かわせる存在、すなわち、市場を不均衡化させる存在として企業家を捉えた。それに対して、Kirzner（1973）は、均衡に向かうプロセスにおいて、機敏さによって利潤機会を素早く獲得し、均衡に向かわせる存在、すなわち、市場を均衡化させる存在として企業家を捉えた。

(6) Lumpkin and Dess(1996)は、企業家精神(entrepreneurship)と企業家志向(entrepreneurial orientation) の違いについて、企業家精神は、「どの事業に参入するべきか」という問いに関連している一方、企業家志向は、「どのように企業家的行動を実行するか」という問いに関連していると述べた。さらに、彼らは、企業家志向は、経営者個人レベルではなく、企業レベルで検討される傾向にあると指摘した。注意するべきことに、Miller（1983）は、企業家精神という用語を使用しているものの、Lumpkin and Dess（1996）による上述の分類に従えば、それは、企業家志向を意味していると考えられる。

(7) なお、組織構造として焦点を合わせたのは有機的組織－機械的組織であった。

(8) Miller（1983）やLumpkin and Dess（1996）などの企業家志向に関する先駆的な研究は、Schumpeter（1934）およびKirzner（1973）について言及していないものの、1－3項の冒頭で述べたように、双方の研究と深く関連していると考えられる。具体的には、例えば、Sundqvist, Kyläheiko, Kuivalainen, and Cadogan（2012）によると、企業家志向を構成する革新性、リスク志向、積極性、攻撃性、および、自律性の5つの次元のうち、革新性、リスク志向、および、自律性の3つの次元は、Schumpeter（1934）の企業家精神と関連しており、積極性と攻撃性は、Kirzner（1973）と関連している。

(9) 知識吸収能力は、Argyris流の学習理論と、次のような点で関連している。Argyris and Schon（1978）は、組織学習を、誤りを発見し修正するプロセスであると捉えて、組織学習には2種類の学習が存在すると主張した。第1はシングル・ループ学習であり、これは、既存の方針や目標を変更せずに環境に適応するプロセスのことを指す。第2は、ダブル・ループ学習であり、これは、既存の方針や目標を変更して環境に適応するプロセスのことを指す。知識吸収能力は、これらの2種類の学習のうちのシングル・ループ学習と強く関連しており、それを実行する能力として捉えられる（Lane, Koka, and Pathak, 2006）。

(10) Lane and Lubatkin（1998）によると、新たな経験的知識を学ぶ方法には、受動的学習、能動的学習、および、相互作用的学習の3つが存在する。第1の受動的学習は、新聞雑誌

やセミナーを通じて技術的・経営的な知識を学ぶ方法を指し、第2の能動的学習は、他社の行動をベンチマークとして学ぶ方法を指し、そして、第3の相互作用的学習は、対面での交流を通じて他社のやり方を学ぶ方法のことを指す。Lane and Lubatkin（1998）は、これらのうちの受動的学習と能動的学習によって得られる知識は、「誰が、何を、いつ、どこで」にかかわっており、誰もが観察可能であるため、希少でも模倣困難でもなく競争優位の源泉にはなり得ない一方、相互作用的学習によって得られる知識は、「どのように、なぜ」にかかわっており、暗黙的な性質をもつため、希少かつ模倣困難であり競争優位の源泉になりうると指摘している。

(11) 企業境界に関する問題とはすなわち、企業はどこまで拡大するのかという活動範囲の問題のことである。一般的に、企業が水平的に拡大することは多角化と呼ばれる一方、企業が垂直的に拡大することは垂直統合と呼ばれており、これらはマーケティング論や経営学の分野における主要トピックである。とりわけ垂直統合の問題は、第2章において先述したとおり、チャネル選択の問題に含まれる。

(12) 例えば、海外チャネルの選択問題を取り扱った既存研究に関する体系的なレビューを行ったLi, et al.（2017）によると、彼らがレビューした47編の論文のうちの29編は、取引費用理論に基づいた研究であった。その割合は、全体の実に62%に該当する。そして、彼らは、「これまで用いられてきた理論の中でも、取引費用分析は、海外チャネルの意思決定を説明するための支配的なポジションを保持している」（p.311）と結論づけた。

(13) 取引費用理論は、規模の経済性という観点から見て、企業組織より市場の方が優れていると主張している点において、企業の能力を考慮に入れていると見なすこともできる（Argyres, 1996）。しかしながら、資源ベース論者たちが取引費用理論の限界点として指摘するのは、「能力の差異が規模の経済性ではなく、規模とは独立した差異から生じる」（Argyres and Zenger, 2012, p.1644）ということである。換言すれば、すべての企業が同一の費用曲線を有しており、その費用曲線の下で生産する数量が異なるために生産費用が異なるのではなく、そもそも企業ごとに費用曲線自体が異なるために生産費用が異なるという点を、限界点として指摘している（久保, 2003a, p.120）。

(14) 取引費用理論とケイパビリティ論の共通点や相違点に関する詳細な分析については、Madhok（1997, 2002）や髙田（2009, 2013）を参照のこと。

(15) また、Langlois and Robertson（1995）によると、一方において、活動間の相互依存性が低い場合、各活動を統合的に遂行したアウトプットの総和と、各活動を個別に遂行したアウトプットの総和が等しくなるという意味で、各活動は加法的という特徴を有する。他方、活動間の相互依存性が高い場合、各活動を統合的に遂行したアウトプットの総和は、各活動を個別に遂行したアウトプットの総和に比べて高水準であるという意味において、各活動は優加法的という特徴を有する。

(16) Palmatier, et al.（2007）は、関係論の分析枠組を、資源ベースアプローチと呼称し、これを、他の4つのアプローチ、すなわち、信頼・コミットメントアプローチ、パワー・依存アプローチ、取引費用アプローチ、および、関係的規範アプローチを統合する枠組として位置づけている。具体的には、彼らは、多様な産業を対象にした長期的なパネルデータを

収集し、4つのアプローチを経験的に比較した後に、資源ベースアプローチに依拠した事後的なモデルを構築し、そのモデルが高い説明力を有することを示した。

第 4 章 | **実証研究Ⅰ**
　　　　─デュアル・チャネルの選択─

1. 問題意識

　チャネル選択に関する研究の中には、デュアル・チャネルを、企業が採りうる
チャネル構造の選択肢の1つとして考慮に入れた研究が存在する。こうした研
究は、デュアル・チャネルの選択に影響を及ぼす要因を探究してきた（e.g., Dutta,
et al., 1995; Mols, 2000; McNaughton, 2002; Kabadayi, 2008, 2011; Takata, 2019）。そ
の際に、大半の既存研究が依拠してきたのが、取引費用理論（Coase, 1937;
Williamson, 1975, 1985）である。この理論に依拠した既存研究は、例えば、資産
特殊性が高い時に、製造業者はデュアル・チャネルを選択すると主張してきた。
なぜなら、独立チャネルだけを用いるのではなく、部分的に統合チャネルを併せ
て用いることを通して、製造業者は、「いざとなれば、独立チャネルをすべて統
合チャネルに置換する」というシグナルを発することができ、製造業者は、その
シグナルによって流通業者から足元を見て交渉される（ホールドアップされる）
のを防げるからである（e.g., Dutta, *et al.*, 1995; Kabadayi, 2011）。換言すれば、製
造業者は、デュアル・チャネルを選択してシグナルを発信することによって、流
通業者の機会主義的行動に伴う取引費用を節約できるのである。

　取引費用理論に依拠した既存研究の問題点として挙げられるのは、デュアル・
チャネルが選択される動機として、機会主義的行動に伴う取引費用の最小化のみ

に着目してしまっていることである。そうした既存研究の問題点を克服するために注目されてきたのが、ケイパビリティ論（e.g., Langlois and Robertson, 1995; Madhok, 1997; Sharma and Erramilli, 2004）である。ケイパビリティ論は、企業が有する資源・能力の異質性に基づいて、企業境界を説明・予測する理論である。ケイパビリティ論を用いたデュアル・チャネルに関する既存研究は、市場志向能力および流通業者の地域間能力差が、デュアル・チャネルの選択に影響を及ぼすことを示してきた（Mols, 2000; Takata, 2019）。これらの既存研究は、デュアル・チャネルが選択される動機としてケイパビリティの開発・活用による便益の最大化に着目することに成功したという点において、デュアル・チャネルに関する研究の進展に多大なる貢献を成してきた。しかしながら、ケイパビリティ要因を取り扱った研究は、国内市場に向けた流通を想定しており、海外市場に向けた流通を想定してこなかった。それゆえ、海外市場におけるデュアル・チャネルの選択に対して、どのようなケイパビリティ要因が、どのような影響を及ぼすのであろうかという問いを未探究のまま残していると指摘できる。

この問いに回答を与えるのに際して、次の2点を考慮に入れることが重要である。第1に、市場志向能力だけではなく、他のケイパビリティ要因として、企業家志向能力をも取り扱う必要がある。企業家志向能力とは、革新性、リスク志向、積極性、攻撃性、および、自律性によって特徴づけられる能力のことである（Lumpkin and Dess, 1996; Jambulingam, et al., 2005）。国際マーケティング戦略に関する既存研究によると、市場志向能力が、既存市場の活用という側面に焦点を合わせているのに対して、企業家志向能力は、新規市場の開拓という側面に焦点を合わせている（Boso, et al., 2012）。このように、両概念は、既存市場の活用と新規市場の開拓という、海外市場に進出する企業の生存にとって重要な2つの要素に焦点を合わせているため、国際マーケティング戦略に関する既存研究においては、しばしば同時に取り扱われてきた（e.g., Kropp, Lindsay, and Shoham, 2006; Boso, et al., 2012; Laukkanen, Nagy, Hirvonen, Reijonen, and Pasanen, 2013; Cadogan, et al., 2016）。したがって、海外市場におけるデュアル・チャネルの選択に影響を及ぼす要因として、市場志向能力のみならず、企業家志向能力をも取り扱って、その効果を検討することは有意義な試みであると言える。

第2に、輸出元国と輸出先国の間の、ひいては、製造業者と最終顧客の間の

文化的距離を取り扱う必要がある。海外流通においては、国内流通とは異なり、製造業者と最終顧客は、異なる国や地域で操業する企業同士であり、それゆえ、両者の間には、規範や価値観の違い、すなわち文化的な差異が存在している (Hoppner and Griffith, 2015; Grewal, Saini, Kumar, Dwyer, and Dahlstrom, 2018)。既存研究においては、そうした文化的な差異は、文化的距離と呼ばれており、チャネル戦略に関する意思決定に大きな影響を及ぼすと主張されてきた（e.g., Armstrong and Yee, 2001; Bianchi and Saleh, 2010; Chung, Wang, and Huang, 2012）。それゆえ、文化的距離の大小は、市場志向能力や企業家志向能力というケイパビリティ要因の効果にも影響を及ぼす可能性がある。もしそうであるならば、それは、国内市場の文脈で得られた既存の研究知見を、海外市場の文脈にもそのまま適用できるわけではないことを意味する。文化的距離という海外市場に特有の要因を取り扱い、それがケイパビリティ要因の効果に及ぼす影響を検討することは、海外市場におけるデュアル・チャネルの選択について理解を進めるうえで重要な試みであると言える。

　本章では、上述した問いに解答を与えるために、海外流通を想定したうえで、市場志向能力だけではなく、企業家志向能力が、デュアル・チャネルの選択に対していかなる影響を及ぼすのかを探究し、さらに、輸出元国と輸出先国の文化的距離が、市場志向能力や企業家志向能力の効果をいかに調整するのかを検討する。海外市場を想定して、ケイパビリティ要因がデュアル・チャネルの選択に及ぼす影響を検討することによって、デュアル・チャネルに関する研究の進展に寄与するとともに、国際マーケティング戦略に関する研究の進展にも寄与すると考えられる。

　本章は、次のように構成される。続く第2節「仮説提唱」において、既存研究の問題を解消するための概念モデルを構築し、仮説を提唱する。第3節「調査方法」において、調査対象や調査手続きに加えて、収集されたデータの妥当性を確認するための手続き（例えば、情報提供者の確認、無回答バイアスの検定、コモンメソッドバイアスの確認）について記述する。第4節「分析結果」において、データの分析方法を検討した後、分析した結果を示す。最後に第5節「考察」において、分析結果について議論し、得られた研究知見を提示する。

2．仮説提唱

◉──2-1　概念モデルの構築

　図4-1には、本研究の概念モデルが示されている。この概念モデルは、製造業者が海外市場に製品を輸出する際に重要な役割を果たす2つのケイパビリティ要因、すなわち、輸出市場志向能力と輸出企業家志向能力が、デュアル・チャネルの選択（対 独立チャネルの選択）に対して、正の影響を及ぼすことを描写している。なお、概念モデルにおける被説明変数として、本研究は、デュアル・チャネルと独立チャネルの二者間比較に焦点を合わせるが、それには、次のような2つの理由が存在する。第1は、既存のチャネル研究が主に、デュアル・チャネルと統合チャネルの比較ではなく、デュアル・チャネルと独立チャネルの比較に着目してきたからである（e.g., Dutta, *et al.*, 1995; Kabadayi, 2011; Takata, 2019）。チャネル研究は、歴史的に、企業組織の権限を行使することができない独立チャネルの管理に焦点を合わせており、それゆえ、デュアル・チャネル研究も、独立チャネルを基準としたうえで、それに統合チャネルを併用してデュアル・チャネル化する要因を探究してきた。第2の理由は、現実世界において、企業がデュアル・チャネルを選択するケースとして、独立チャネルに加えて統合チャネルを併用し、デュアル・チャネルを選択するケースが多く観察されるからである。一般的に、財務基盤が整っておらず、販売経験が乏しい初期段階において、企業は製品流通を独立チャネルのみでスタートするが、その後、財務基盤が強化され販売経験も豊富になるにつれて、統合チャネルの併用を検討するようになるのである。

　図4-1の概念モデルは、さらに、文化的距離が、輸出市場志向能力と輸出企業家志向能力というケイパビリティ要因の正の効果を促進することも描写している。すなわち、文化的距離が大きい場合の方が、それが小さい場合に比して、輸出市場志向能力や輸出企業家志向能力の高い製造業者が、独立チャネルではなく

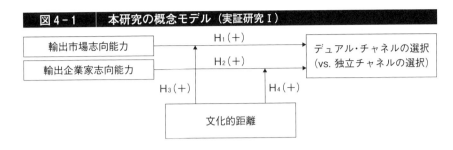

図4-1　本研究の概念モデル（実証研究Ⅰ）

輸出市場志向能力　　　H₁(+)　　　デュアル・チャネルの選択
　　　　　　　　　　　H₂(+)　　　（vs. 独立チャネルの選択）
輸出企業家志向能力

　　　H₃(+)　　　　　　　　　H₄(+)

文化的距離

デュアル・チャネルを選択する傾向がより大きいことを示唆している。次項以降においては、この概念モデル内の個々の因果関係に関する仮説を提唱する。

◉── 2-2　輸出市場志向能力に関する仮説

　先述のとおり、輸出市場志向能力は、輸出市場において、市場情報の生成、市場情報の普及、および、市場情報への反応を効率的に行う能力のことを指す（Cadogan and Diamantopoulos, 1995; Cadogan, *et al.*, 2003; Cadogan, *et al.*, 2009）。輸出市場志向的な活動がどのように実現されるのかは、選択されるチャネル構造によって、次のように影響を受ける（Srivastava, Shervani, and Fahey, 1998; Palmatier, *et al.*, 2014）。一方で、チャネル構造として統合チャネルを選択すれば、製造業者は、完全所有子会社や自社輸出部門を通して、顧客からの市場情報の収集や、そうした市場情報への反応を直接的に行うことになる。他方で、チャネル構造として独立チャネルを選択すれば、製造業者は、輸出先国における現地流通業者や現地輸入貿易会社を通して、顧客からの市場情報の収集や、そうした市場情報への反応を間接的に行うことになる。それでは、輸出市場志向能力の高低は、チャネル構造の選択に対して、いかなる影響を及ぼすのであろうか。

　輸出市場志向能力の高い製造業者は、定義により、市場情報の収集やその処理を行うことに長けている。そうした製造業者は、自社の能力を充分に発揮するべく、直接的に顧客と接して、情報収集や情報への反応を正確かつ迅速に行おうと試みる。それゆえ、輸出市場志向能力の高い製造業者は、独立チャネルではなく統合チャネルを選択する傾向にある（He, *et al.*, 2013）。他方、輸出市場志向能力の低い製造業者は、市場情報の収集や処理に熟達していない。そうした製造業者

は、自社の低水準な能力を補完するべく、優れた流通業者から、間接的に情報を収集し間接的に情報へ反応しようと試みる。それゆえ、輸出市場志向能力の低い製造業者は、統合チャネルではなく、独立チャネルを選択する傾向にある（He, et al., 2013）。

しかしながら、輸出市場志向能力の高い製造業者は、輸出市場志向能力の価値を発揮するために、すべてのチャネルを統合する必要はなく、全体の中の一部分のチャネルを統合化するだけで充分である（Takata, 2019）。なぜなら、ある特定の市場に関する情報は、同じような市場環境にも適用可能だからである。例えば、ある海外市場における特定顧客から得られた情報は、同じ標的セグメントに分類される他の顧客にも適用可能である（Mols, 2000）。したがって、輸出市場志向能力の高い製造業者が、そのケイパビリティを活用するためには、情報拠点として、全体の中の一部分について統合チャネルを用いるのが有効である。すなわち、輸出市場志向能力の高い製造業者は、そのケイパビリティを活用するために、独立チャネルではなく、デュアル・チャネルを選択するのである[1]。以上より、次の仮説を提唱する。

仮説1　輸出市場志向能力は、デュアル・チャネルの選択（対 独立チャネルの選択）に正の影響を及ぼす。

◉── 2-3　輸出企業家志向能力に関する仮説

先述のとおり、輸出企業家志向能力は、輸出市場における探索、発見、実験、リスク志向、および、革新によって特徴づけられる市場駆動能力のことを指す（He and Wong, 2004; Cadogan, et al., 2016）。輸出企業家志向的な活動がどのように実現されるのかは、次のように、選択されるチャネル構造によって異なる影響を受ける（Luo, Sivakumar, Liu, 2005）。一方で、輸出チャネル構造として統合チャネルを選択すれば、製造業者は、完全所有子会社や自社輸出部門を通して、新製品や新サービスの試験的な導入や顧客からのフィードバックを直接的に行うようになる。他方で、輸出チャネル構造として独立チャネルを選択すれば、製造業者は、合弁会社や現地流通業者を通して、そうした活動を間接的に行うように

なる。それでは、輸出企業家志向能力の高低は、チャネル構造の選択に対して、いかなる影響を及ぼすのであろうか。

　輸出企業家志向能力の高い製造業者は、革新的な製品の開発や、新たな顧客ニーズの開拓に長けている。そうした製造業者は、自社の能力を充分に発揮するべく、直接的に顧客と接して、新製品や新サービスの導入を積極的に行い、顧客からのフィードバックを迅速に行おうと試みる。それゆえ、輸出企業家志向能力の高い製造業者は、独立チャネルではなく統合チャネルを選択する傾向にある（Pehrsson, 2015）。他方、輸出企業家志向能力の低い製造業者は、革新的なアイディアの創造や新しいニーズの開拓に熟達していない。そうした製造業者は、自社の低水準な能力を補完するべく、優れた流通業者と協力して、新製品や新サービスの導入を行おうと試みる。それゆえ、輸出企業家志向能力の低い製造業者は、統合チャネルではなく、独立チャネルを選択する傾向にある（Pehrsson, 2015）。

　しかしながら、輸出企業家志向能力の高い製造業者は、新製品や新サービスを効果的に開発・導入するために、すべてのチャネルを統合する必要はなく、全体の中の一部分のチャネルを統合化するだけで充分である（Mols, 2000）。製造業者は、革新的な製品やサービスを、一定割合の統合チャネルを通じて実験・テストし、顧客からフィードバックを得て、その製品やサービスを改良できる（Rosen, et al., 2014）。加えて、一定割合の統合チャネルを通じて、顧客フィードバックを得て新製品を改良したり、実際に新製品の販売を行って実績をあげたりすることによって、流通業者に対して新製品を採用してもらえるよう説得するのが容易になる。要約すると、輸出市場志向能力の高い製造業者は、全体の中の一部分を統合化してデュアル・チャネルを用いることによって、その優れた能力を充分に活用することができる[(2)]。以上より、次の仮説を提唱する。

　　仮説2　輸出企業家志向能力は、デュアル・チャネルの選択（対 独立チャネルの選択）に正の影響を及ぼす。

◉──2-4　輸出市場志向能力と文化的距離に関する仮説

　先述のとおり、文化的距離とは、輸出元国と輸出先国の間で、規範や価値観が異なる程度のことを指す（Hofstede, 1980; Kogut and Singh, 1988）。文化的距離が大きいことはすなわち、製造業者と、輸出先国における最終顧客や競合他社の間で、規範や価値観が大きく異なることを意味する。それゆえ、文化的距離が大きい時、製造業者は、輸出先国における現地顧客のニーズや嗜好、および、現地競合他社の動向について、それほど知識を有していないと考えられる（Yeoh, 2004）。このように市場情報が欠如している場合の方が、そうでない場合に比して、輸出市場志向能力に適したチャネル構造を選択する必要性が、より高い。すなわち、輸出市場志向能力の高い製造業者にとっては、デュアル・チャネルを選択して、統合チャネルを情報拠点として用いて直接的に情報を収集しつつ情報へ迅速に反応する必要性が、より高い。逆に、輸出市場志向能力の低い製造業者にとっては、独立チャネルを選択して、独立流通業者から情報を効率的に入手し、独立流通業者を通して情報へ反応する必要性が、より高い。要約すると、輸出元国と輸出先国の文化的距離が大きくなると、製造業者にとって、自社の輸出市場志向能力の高低に合わせて適切なチャネル構造を選択する必要性が高まると言える。したがって、次の仮説を提唱する。

　　仮説3　輸出元国と輸出先国の文化的距離は、輸出市場志向能力とデュ
　　　　　　アル・チャネルの選択（対 独立チャネルの選択）の関係に対して、
　　　　　　正の調整効果を有する。

◉──2-5　輸出企業家志向能力と文化的距離に関する仮説

　先述のとおり、文化的距離が大きいことはすなわち、製造業者と、輸出先国における最終顧客や競合他社の間で、規範や価値観が大きく異なることを意味する。それゆえ、文化的距離が大きいと、製造業者は、輸出先国における最終顧客のニーズや嗜好を把握するのが困難である（Yeoh, 2004）。また、現地流通業者は、

製造業者を容易には信頼することができず、それゆえ、新製品や新サービスを取り扱うことに対して、より大きな抵抗感を示す（Armstrong and Yee, 2001）。このように、顧客ニーズを把握する困難性や、流通業者に新製品を採用してもらう困難性が大きいことはすなわち、企業家志向的な行動の実現を妨げる要因が大きいことを意味する。このような場合の方が、そうでない場合に比して、企業家志向能力に適したチャネル構造を選択する必要性が、より高いと考えられる。すなわち、輸出企業家志向能力の高い製造業者にとっては、デュアル・チャネルを選択して、新製品や新サービスの実験を積極的に行い、顧客からフィードバックを得る必要性が、より高い。逆に、輸出市場志向能力の低い製造業者にとっては、独立チャネルを選択して、独立流通業者から、新たなアイディアを入手する必要性が、より高い。要約すると、輸出元国と輸出先国の文化的距離が大きくなると、製造業者にとって、自社の輸出企業家志向能力の高低に合わせて適切なチャネル構造を選択する必要性が高まると言える。したがって、次の仮説を提唱する。

仮説4　輸出元国と輸出先国の文化的距離は、輸出企業家志向能力と　　　　　デュアル・チャネルの選択（対 独立チャネルの選択）の関係に　　　　　対して、正の調整効果を有する。

3．調査方法

◉── 3-1　データの収集

調査は、2018年4月に行った[3]。調査対象は、海外市場に向けて生産財を生産している日本の製造業者である。標本抽出枠は、「日経 NEEDS」（日本経済新聞社）に記載されている機械、電子機器、精密機器、化学、あるいは、非鉄金属・金属製品の5つの業種に属する東証一部および二部上場企業全685社のリストであった。この中から、（1）主に生産財ではなく消費財を取り扱っている企業、

（2）製造業ではなく卸売業や加工業を主力とする企業、（3）取り扱っている製品の大半が国内販売である企業、および、（4）買収、合併、倒産などによって現存していない企業を除外した。除外されなかった企業については、「D-VISION NET」（ダイヤモンド社）および各企業の Web サイトを参照しながら、送付先を選定した[4]。なお、チャネル戦略に関する意思決定にはさまざまな部門に属する人間がかわっている可能性があるわけであるが、本研究は、生産財企業に対する事前インタビューに基づいて、生産財の輸出チャネル戦略に関する意思決定の大部分を、典型的には、営業部門（特に、海外営業部門・国際営業部門）やマーケティング部門（ないし、同機能を有する企画部門）が担っていることを確認した[5]。そこで、本調査においては、こうした部門を送付先として選定した。以上の手続きを踏まえて、544社839事業部を送付先として選定した。

　これら839事業部に、カバーレター、調査票、および、料金後納の返信用封筒を含む封筒を郵送した。カバーレターと調査票には、次の３点を明記した。すなわち、（1）本調査の目的は学術研究であり、回答内容は外部に漏洩しないこと、（2）各企業において海外の流通・販売に従事した経験のある人物に回答を依頼していること、および、（3）（本調査への協力を動機づけるために）氏名と連絡先を記入した回答協力者には後に本調査の結果レポートを送付すること、である。調査票を発送してから２週間後に、調査票の返送を促すための督促状を発送した。

　回収された調査票は204票であり、回収率は24.3％であった。204票のうち8票は、（1）回答を拒否した、（2）消費財について回答した、（3）回答者が情報提供者の規準を満たしていなかった、あるいは、（4）欠損値を含んでいたため、分析に用いることができないと判断した。これらを除いた有効票は196票（有効回答率は23.4％）であった。これら196事業部の特徴は、**表4-1**に示すとおりであった。

◉── 3-2　情報提供者の確認

　本研究の調査においては、特定製品の輸出経路に関するデータを収集するために、先述のとおり、各企業において自社製品の海外流通あるいは海外輸出に従事した経験のある人物に本調査の回答を依頼した（Campbell, 1955）。さらに、実際

表4-1　サンプルの特徴（実証研究Ⅰ）

業種※		売上高（十億円）			統合チャネルの売上比率（%）※	
電子機器	33.2%	〜	25	25.5%	0 〜 10	31.1%
化学	32.7%	25 〜	50	19.4%	11 〜 30	18.9%
機械	26.5%	50 〜	100	14.8%	31 〜 70	13.2%
金属	7.7%	100 〜	500	24.0%	71 〜 90	11.2%
		500 〜	1,000	10.7%	91 〜 100	25.5%
		1,000 〜		5.6%		

企業勤続年数（年）※		部門勤続年数（年）		肩書	
〜 10	16.8%	〜 3	19.9%	社長、常務、本部長	7.7%
10 〜 20	19.4%	3 〜 10	31.1%	部長	32.1%
20 〜 25	14.3%	10 〜 15	12.8%	次長、課長	40.8%
25 〜 30	20.9%	15 〜 20	9.7%	係長、主任	11.7%
30 〜 40	21.4%	20 〜 25	10.2%	その他	7.7%
40 〜	7.1%	25 〜	16.3%		

注：※…各項目の数字を端数処理しているため、構成比の合計値は100.0%にはならない。

の回答協力者が適切な情報提供者としての資質を有しているか否かについての確認（キーインフォーマントチェック）を事後的に行うために、調査票において、製品の海外流通・海外販売に関する回答協力者の知識・経験水準を測定する質問項目を２つ設定した。これらの質問項目には、意味差判別法（セマンティック・ディフェレンシャル法）を用いて、各質問に対して７段階のうちから１つを選択するよう求めた（７：よく知っている〜１：よく知らない、および、７：携わった経験がある〜１：携わった経験がない）。回答協力者の知識水準の平均値は5.48（標準偏差は1.18）、経験水準の平均値は6.00（標準偏差は0.98）であった。また、**表4-1**に示すとおり、企業における勤続年数の平均値は21.6年（標準偏差は10.3）、部門における勤続年数の平均値は12.2年（標準偏差は10.9）であり、大半の回答協力者が常務、部長、次長、あるいは、課長などの上級職に就いていた。こうした情報提供者の知識・経験水準は、既存研究における情報提供者の知識・経験水準と比較して充分に高い値を示している[6]（e.g., Kabadayi, *et al.*, 2007; Fürst, Leimbach, and Prigge, 2017）。以上より、本調査の回答協力者は、自社の海外流通・海外販売に関する知識と経験を充分に有していると考えられるため、適切な情報提供者としての資質を具えていると判断することができる。

◉── 3-3　無回答バイアスの検定

　無回答バイアスについて、2つの方法を用いて検定を行った。まず、Armstrong and Overton（1977）の方法に準じて、調査票の発送から回収までに要した日数に応じてサンプルを2つのグループに分類したうえで、両グループの回答の平均値を比較した。第1のグループ、すなわち、早期回答者グループは、督促状が発送される以前に調査票を返却した回答者のグループ（$N = 121$）であり、第2のグループ、すなわち、後期回答者グループは、督促状が発送された以後に調査票を返却した回答者のグループ（$N = 75$）であった。分析のために設定された被説明変数、説明変数、および統制変数を従属変数として設定し、多変量分散分析（MANOVA）を用いて両グループの平均値を比較した。その結果、両グループ間に有意な差は確認されなかった（Wilks' Lambda $= 0.93$, $p = 0.84$）。

　次に、調査票が発送された839事業部のうち、調査票を返却した事業部のグループ（$N = 204$）の年間売上高と、返却しなかった事業部のグループ（$N = 635$）の年間売上高を比較した。t検定の結果、両者の間に有意な差は確認されなかった（$t = 0.21$, $p = 0.83$）。以上の分析結果は、本調査において、無回答バイアスが重大な問題ではないことを示唆している。

◉── 3-4　コモンメソッドバイアスの確認

　本研究の調査においては、単一の情報提供者による一時点の情報を収集するため、コモンメソッドバイアスが生じてしまう恐れがある。そこで、Podsakoff, MacKenzie, Lee, and Podsakoff（2003）、MacKenzie and Podsakoff（2012）、および、Hulland, Baumgartner, and Smith（2018）の推奨方法に基づいて、次のように、調査設計の段階においてコモンメソッドバイアスの対処法を実施した。第1に、後述するように実務家からの協力を得ることによって、曖昧で不明瞭な質問内容を修正した。第2に、従属変数と独立変数の間で異なる尺度法を採用した。具体的には、従属変数（すなわち、輸出チャネルの種類）の測定尺度とし

て百分率を用いる一方、独立変数の測定尺度として７点リカート尺度を採用した。第３に、従属変数と独立変数の質問項目を、調査票内において物理的に離れた位置に設けた。第４に、回答内容の機密性を保持する旨を伝えることによって、回答に際しての回答者の不安感を取り除くようにした。

　さらに、データの収集後、コモンメソッドバイアスについて２つの方法を用いて検定を行った。まず、Harman の単一因子検定を行うために、回転なしの探索的因子分析を行った。分析の結果、固有値が１以上の因子が10個抽出され、かつ、第１因子によって説明できる分散は25.2％という低い値に留まった。

　次に、Lindell and Whitney（2001）の MV（marker-variable）法による検定を行った。MV として用いられたのは、「貴社は、自社が何の会社であるのかということについて、明確な考えをもっている」の質問項目によって測定される、アイデンティティの明確性という変数であった。この変数は、分析に使用する他の変数とは理論的に相関しないと考えられる。MV を統制した偏相関係数と、統制していない相関係数を比較した結果、両者の間で係数や有意性はほとんど変わらなかった。以上の分析結果は、本書において、コモンメソッドバイアスが重大な問題ではないことを示唆している。

◉──3-5　測定方法

　回答者が設定された質問に適切に回答できるように、調査票を設計する段階において、実務家に対して事前インタビュー調査を行い、調査票に関するコメントをもらうという方法を採用した。これは、コモンメソッドバイアスを軽減する事前対策として有用である。コメントの協力者は、電子機器、化学、機械などの製造業に従事する合計８名の実務家であり、インタビュー調査は、１人あたり、約１時間から１時間半の時間を掛けて行われた。これらの実務家には、実際に調査票のすべての質問に回答してもらいながら、回答することが困難な質問項目を指摘してもらった。そして、そうした指摘を参考にして修正した質問項目を本調査において使用した。

　質問に回答してもらう際には、各企業ないし事業部の主力製品を１つと、その主力製品の主要な輸出先国を１カ国、そして、その主力製品をその主要輸出

先国へ流通させる輸出経路（すなわち、海外市場に向けた商流）を想定してもらった。なお、主要な輸出先国として想定された国は、全体のうち、中国が36％、米国が23％、台湾が10％、韓国が7％、ドイツが5％、および、タイが5％であり、その他の国が合わせて14％であった。また、本研究において用いられる説明変数、および、統制変数の具体的な質問項目は**表4-2**に、記述統計量および相関係数は**表4-3**に示すとおりであった。

■被説明変数

被説明変数として用いたのは、「輸出チャネルの種類」である。この変数は、次のように測定した。まず、既存研究（Klein, *et al.*, 1990; McNaughton, 2002; Eyuboglu, Kabadayi, and Buja, 2017）と事前インタビュー調査を基に、**図4-2**に示すような、代表的な11種類の輸出経路を描いた線図を作成した。ただし、これら11種類の輸出経路のうち、3種類（貴社 → 販社 → 現地顧客、貴社 → 合弁会社 → 現地顧客、および、貴社 → 現地顧客の経路）の輸出経路は統合チャネルに該当し[7]、他の8種類は独立チャネルに該当する。そして、回答者にこの線図を提示して、各輸出経路における主力製品の売上比率を回答してもらった。さらに、この回答に基づいて、統合チャネルと独立チャネルによる主力製品の売上比率を算出した。そして、統合チャネルと独立チャネルのうち、統合チャネルの売上比率が95％より大きい企業は、統合チャネル企業として1とコード化し、独立チャネルの売上比率が95％より大きい企業は、独立チャネル企業として2とコード化し、そして、残りの企業（すなわち、一方のチャネルによる売上比率が6～94％の企業）は、デュアル・チャネル企業として3とコード化した。その結果、196のサンプルのうち、48は統合チャネル企業（24.5％）、54は独立チャネル企業（27.6％）、94はデュアル・チャネル企業（48.0％）として分類された。

■説明変数

「輸出市場志向能力」は、輸出市場の顧客や競合他社に関する情報を生成し、それを社内で普及させ、それに反応する能力のことである。この概念は、多次元の概念であり、「市場情報の生成」、「市場情報の普及」、および、「市場情報への反応」の3つの次元から構成される。これら3つの次元を測定するために、

表4-2	構成概念と質問項目（実証研究Ⅰ）

構成概念と質問項目	FL

市場情報の生成（cf. Cadogan, *et al.*, 1999, 2002）
〈7：非常にそう思う〜1：全くそう思わない〉［α＝0.87, CR＝0.87, AVE＝0.62］

a. 輸出先国への輸出状況の変化（技術開発や法規制などの変化）が自社に及ぼしうる影響を、貴社は定期的に検討している。	0.71
b. 貴社は、輸出先国の動向（法規制・技術開発・政治・経済などの動向）について、多くの情報を仕入れている。	0.82
c. 貴社は、輸出先国における顧客のニーズや嗜好に影響を与える諸要因を把握するために、多くの情報を収集している。	0.88
d. 貴社は、輸出先国における顧客のニーズを満たすことに意識を向けて、それに尽力しているかどうかを、継続的に確認している。	0.74

市場情報の普及（cf. Cadogan, *et al.*, 1999, 2002）
〈7：非常にそう思う〜1：全くそう思わない〉［α＝0.88, CR＝0.88, AVE＝0.71］

a. 競合他社に関する情報が伝わるのが遅すぎて、担当者がそれを活かせないというのは、よくあることだ。（R）	0.81
b. 輸出先国の動向（法規制や技術の動向）に関する情報が、担当者に伝わる前に、コミュニケーション連鎖の中で抜け落ちてしまうことがよくある。（R）	0.89
c. 輸出先国の顧客への対応方法にかかわる情報が、担当者に伝わるまでに非常に時間が掛かる。（R）	0.83

市場情報への反応（cf. Cadogan, *et al.*, 1999, 2002）
〈7：非常にそう思う〜1：全くそう思わない〉［α＝0.83, CR＝0.83, AVE＝0.62］

a. もし、主要な競合他社が、輸出先国における貴社の最終顧客に向けて集中的に販促を仕掛けてきたら、貴社は、迅速な対応を行う。	0.89
b. 輸出先国において、競合他社が価格を大きく変更したら、貴社は、それに素早く対処する。	0.59
c. 競合他社が、輸出先国での事業を脅かす行動をとれば、貴社は、すぐさま対応する。	0.85

革新性（cf. Boso, *et al.*, 2012）
〈7：非常にそう思う〜1：全くそう思わない〉［α＝0.92, CR＝0.93, AVE＝0.72］

a. 貴社は、業界の中でも、革新的な企業として知られている。	0.79
b. 貴社は、革新的で新しい製品やサービスを生み出す試みをしている。	0.89
c. 貴社は、業界の中でも、率先して、新製品・新サービスを開発している。	0.93
d. 貴社は、継続的に、新製品・新サービスについて、実験的な取り組みを行っている。	0.82
e. 貴社は、業界の中でも、新しい方法や技術を開発するのに長けていることで評判である。	0.82

リスク志向（cf. Jambulingam, *et al.*, 2005; Boso, *et al.*, 2012）
〈7：非常にそう思う〜1：全くそう思わない〉［α＝0.88, CR＝0.89, AVE＝0.73］

a. 貴社の経営陣は、一般的に、ハイリスク・ハイリターンのプロジェクトに投資する傾向にある。	0.88
b. 貴社は、リスクの高いプロジェクトを積極的に受け入れている。	0.89
c. 貴社の戦略には、リスクを取るという特徴がある。	0.80

ページ

積極性（cf. Jambulingam, *et al.*, 2005; Boso, *et al.*, 2012）
〈7：非常にそう思う～1：全くそう思わない〉［α = 0.82, CR = 0.82, AVE = 0.53］

a. 貴社は、輸出先国で生じると予想される変化に対して、競合他社より先に行動しようと試みている。	0.79
b. 貴社は、輸出先国におけるビジネスで、主導権を握ろうとしている。	0.78
c. 貴社は、新たな顧客需要を満たすために、自社のポジションを絶え間なく変化させている。	0.57
d. 輸出先国における市場状況は常に変化しているため、新たな機会を見つけようと継続的に行動している。	0.77

攻撃性（cf. Jambulingam, *et al.*, 2005; Boso, *et al.*, 2012）
〈7：非常にそう思う～1：全くそう思わない〉［α = 0.78, CR = 0.80, AVE = 0.58］

a. 貴社は、競合他社に対して、真っ向勝負を挑んでいる。	0.51
b. 貴社は、輸出先国での目標達成にあたり、集中的に販促を行うなど、強硬的な手段を用いている。	0.83
c. 貴社は、輸出先国において、市場シェアを拡大するために、攻撃的な方法を用いている。	0.89

自律性（cf. Jambulingam, *et al.*, 2005; Boso, *et al.*, 2012）
〈7：非常にそう思う～1：全くそう思わない〉［α = 0.80, CR = 0.80, AVE = 0.67］

a. 貴社の従業員は、仕事を行うにあたって、自律的に行動してる。	0.74
b. 貴社の従業員は、輸出先国においてビジネスの機会を得るために、自発的に行動している。	0.90

資産特殊性（cf. Klein, *et al.*, 1990; McNaughton, 2002）
〈7：非常にそう思う～1：全くそう思わない〉［α = 0.77, CR = 0.78, AVE = 0.54］

a. その輸出先国において、主力製品を上手く販売するためには、営業担当者は、かなり努力して、その製品について理解しなければならない。	0.83
b. 主力製品を効果的に販売するためには、営業担当者は、輸出先国の顧客について、よく理解しなければならない。	0.80
c. その輸出先国において、主力製品を販売するためには、営業担当者は、特別なトレーニングを受ける必要がある。	0.55

製品標準性（cf. Sa Vinhas and Anderson, 2005）
〈7：非常にそう思う～1：全くそう思わない〉［α = 0.75, CR = 0.75, AVE = 0.62］

a. 顧客から見ると、貴社の主力製品・サービスは、競合製品と特徴が似ている。	0.52
b. 顧客から見ると、貴社の主力製品・サービスは、当業界では標準的なものである。	0.98

集団購買性（cf. Sa Vinhas and Anderson, 2005）
〈7：非常にそう思う～1：全くそう思わない〉

a. 複数の購買・調達部門による共同購買（グループパーチェス）が行われることがある。	―

行動多様性（cf. Sa Vinhas and Anderson, 2005）
〈7：非常にそう思う～1：全くそう思わない〉

a. その時々で、購買量を大きく変える顧客が数多く存在する。	―

注1：ただし、最右列には、因子負荷量（FL: Factor Loadings）を記載している。また、(R) は逆転項目を表す。

表4-3　記述統計量と相関係数（実証研究Ⅰ）

	1	2	3	4	5	6	7	8	9	10	11	12	13	14	15	16	17	18	19
1. デュアルダミー（1/0）	—																		
2. 市場情報の生成	-0.07	—																	
3. 市場情報の普及	-0.23*	0.30*	—																
4. 市場情報への反応	-0.06	0.41*	0.29*	—															
5. 輸出市場志向能力	-0.17*	0.75*	0.74*	0.75*	—														
6. 革新性	0.01	0.37*	0.22*	0.38*	0.42*	—													
7. リスク志向	0.03	0.20*	0.10	0.21*	0.23*	0.30*	—												
8. 積極性	-0.07	0.49*	0.35*	0.45*	0.57*	0.56*	0.33*	—											
9. 攻撃性	0.07	0.24*	0.07	0.35*	0.29*	0.25*	0.23*	0.46*	—										
10. 自律性	-0.03	0.41*	0.28*	0.41*	0.49*	0.40*	0.10	0.48*	0.24*	—									
11. 輸出企業家志向能力	0.00	0.50*	0.29*	0.53*	0.58*	0.74*	0.57*	0.83*	0.64*	0.64*	—								
12. 文化的距離	0.00	-0.07	0.03	-0.10	-0.06	0.03	-0.08	-0.10	-0.11	-0.01	-0.08	—							
13. 企業規模（log）	-0.01	0.32*	0.17*	0.14	0.28*	0.18*	0.17*	0.16*	0.05	0.24*	0.23*	-0.08	—						
14. 輸出年数	0.11	0.14	0.04	0.09	0.12	0.02	-0.09	0.00	0.09	0.06	0.02	0.10	-0.02	—					
15. 輸出国数	0.13	0.03	-0.08	-0.01	-0.03	0.10	-0.08	0.02	0.16*	0.07	0.08	0.07	0.13	0.40*	—				
16. 資産特殊性	-0.08	0.18*	0.03	0.13	0.15*	0.19*	0.01	0.21*	0.05	0.16*	0.18*	-0.06	0.09	0.11	0.00	—			
17. 製品標準性	0.04	-0.04	-0.09	0.05	-0.04	-0.17*	-0.04	-0.19*	-0.02	0.06	-0.11	0.00	-0.04	0.12	0.02	-0.13	—		
18. 集団購買性	0.10	0.06	-0.22*	0.12	-0.03	0.08	0.08	-0.03	0.05	-0.03	0.05	0.00	0.06	0.08	0.06	0.07	0.00	—	
19. 行動多様性	0.18*	0.16*	-0.04	0.11	0.10	0.07	0.09	0.06	0.01	-0.03	0.06	-0.10	0.07	-0.10	0.01	-0.01	0.05	0.19*	—
平均値	0.48	4.86	4.50	4.99	4.78	4.37	2.54	4.16	3.52	4.88	3.89	2.38	11.30	22.85	19.73	5.59	4.30	3.03	4.27
標準偏差	0.50	1.12	1.29	1.18	0.89	1.24	1.13	1.11	1.20	1.08	0.79	0.67	1.56	14.45	23.15	0.97	1.46	1.78	1.65
最大値	1.00	7.00	7.00	7.00	7.00	7.00	6.67	7.00	7.00	7.00	5.84	3.78	15.55	70.00	180.00	7.00	7.00	7.00	7.00
最小値	0.00	1.50	1.00	1.00	1.81	1.00	1.00	1.00	1.00	1.00	1.20	0.90	8.19	1.00	1.00	2.00	1.00	1.00	1.00

注：ただし、*は5%水準で有意。

| 図4-2 | 輸出経路の線図 |

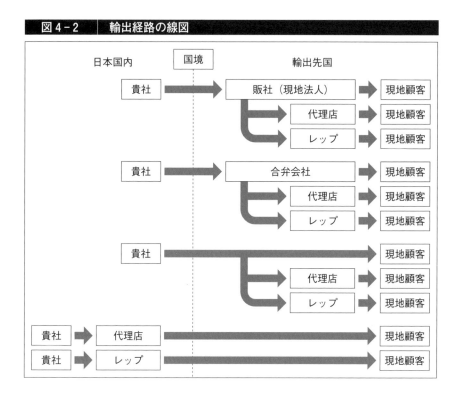

Cadogan, *et al.* (1999, 2002) が用いた質問項目を採用した。具体的には、3つの次元それぞれについて、4つの質問項目を採用した。ただし、「市場情報の普及」と「市場情報への反応」については、4つの質問項目のうち、1つの質問項目は、他の3つの質問項目と著しく相関が低かったため、分析から除外した。これら3つの次元を測定するための質問項目には、7点リカート尺度（7：非常にそう思う〜1：全くそう思わない）を採用した。そして、3つの次元の平均値を算出し、さらにそれらの平均値を算出し、それを輸出市場志向能力の値として用いた[8]。

「輸出企業家志向能力」は、革新的な製品やサービスを導入し、他社に先駆けて、輸出市場を自ら開拓する能力のことである。この概念も、輸出市場志向能力と同様に多次元の概念であり、「革新性」、「リスク志向」、「積極性」、「攻撃性」、および、「自律性」の5つの次元から構成される。これら5つの次元を測定する

ために、Jambulingam, *et al.*（2005）および Boso, *et al.*（2012）が用いた質問項目を採用した。具体的には、「革新性」を測定するために５つの質問項目を採用し、「リスク志向」を測定するために３つの質問項目を採用し、「積極性」を測定するために４つの質問項目を採用し、「攻撃性」を測定するために３つの質問項目を採用し、「自律性」を測定するために３つの質問項目を採用した。ただし、「自律性」については、３つの質問項目のうち、１つの質問項目は、他の２つの質問項目と著しく相関が低かったため、分析から除外した。これらの質問項目にも、７点リカート尺度（７：非常にそう思う～１：全くそう思わない）を採用した。そして、５つの次元の平均値を算出し、さらにそれらの平均値を算出し、それを輸出企業家志向能力の値として用いた。

「文化的距離」は、輸出元国と輸出先国の規範や価値観が異なる程度のことである。文化的距離の変数を作成するために、まず、Hofstede, Hofstede, and Minkov（2010）が提唱した６つの文化次元、すなわち、権力格差、集団主義、不確実性回避、男性性、長期志向、および、放縦に関するデータを収集した。具体的には、日本およびすべての輸出先国における６つの文化次元の点数を、Geert Hofstede の Web サイトから入手した。この点数をもとに、Bunyaratavej, Hahn, and Doh（2007）の算出式に従って、日本と輸出先国における文化的距離を、次のように計算した。

$$CD_k = \frac{1}{6} \sum_{i=1}^{6} |I_{ik} - I_{iJ}|$$

ただし、I_{ik} は、k 番目の国の i 番目の文化次元の点数を表し、I_{iJ} は日本の i 番目の文化次元の点数を表し、V_i は i 番目の文化次元の点数の分散を表し、そして、CD_k は、k 番目の国と日本の文化的距離を表す。なお、想定してもらった輸出先国のうちの上位４カ国について、日本との文化的距離の値は、中国が2.70、米国が3.15、台湾が1.64、および、韓国が1.85であった。

■統制変数
被説明変数に影響を及ぼしうる他の要因も、統制変数として考慮した。第１に、

企業規模を統制するために、「企業の年間売上高」を統制変数として設定した。なお、分散を最小化するために、自然対数をとった。第2に、企業経験を統制するために、主力製品の海外輸出を始めてからの年数（Aulakh and Kotabe, 1997）、および、主力製品の輸出先国数を統制変数として設定した（Cadogan, *et al.*, 2002）。第3に、取引費用要因を統制するために、資産特殊性を統制変数として設定した。この概念を測定するために、Klein, *et al.* (1990) およびMcNaughton (2002) が用いた3つの質問項目を採用した。第4に、対立要因を統制するために、製品標準性、集団購買性、および、顧客の行動多様性を統制変数として設定した。これらの概念を測定するために、Sa Vinhas and Anderson (2005) を参考にして質問項目を作成した。

◉── 3-6　測定方法の妥当性

複数の質問項目で測定した概念について、反映的尺度の妥当性を確認するために、各構成概念の質問項目をすべて含めた測定モデルについて、最尤法を用いた確認的因子分析を行った。その結果、モデルの全体的な適合度は、満足いく値を示した（χ^2 = 618.51 [d.f. =419、p < 0.01]、χ^2 / d.f. = 1.47、RMSEA = 0.049、CFI = 0.94、IFI = 0.94、TLI = 0.93）。また、AVEの値は0.53～0.73、a係数の値は0.75～0.92、CRの値は0.75～0.93であり、すべての構成概念が推奨値（AVEは0.50、a係数とCRは0.70）以上の値であった。さらに、弁別妥当性を確認するために、HSV（highest shared variance）とAVEの値を比較した。その結果、すべての測定尺度について、AVEがHSVを上回った。以上の結果より、測定尺度の収束妥当性、信頼性、弁別妥当性が示唆されたと言える。

4．分析結果

　仮説1～仮説4をテストするために、先述の輸出チャネル選択モデルについて、多項ロジスティック回帰分析を行った[9]。ただし、連続変数同士の交差項を投入する際、変数の中心化を行った（Aiken and West, 1991）。分析結果は、**表4-4**に示されるとおりであった。Model 1a については、統合チャネルに比して、デュアル・チャネルを選択する確率を分析した結果が示され、Model 1b については、独立チャネルに比して、デュアル・チャネルを選択する確率を分析した結果が示されている。なお、検定に際しては、仮説は方向性を有するため、仮説にかかわる係数については片側検定を用いた一方、そうでない変数については両側検定を用いた[10]。

　まず、単項の係数に着目する。Model 1b において、輸出市場志向能力の係数は、負かつ有意であった（$\beta_1 = -0.68, p < 0.05$）。すなわち、輸出市場志向能力の高い製造業者は、デュアル・チャネルを選択せずに独立チャネルを選択することが示唆された。したがって、**仮説1**は支持されなかった。

　また、Model 1b において、輸出企業家志向能力の係数は、正かつ有意であった（$\beta_2 = 0.66, p < 0.05$）。すなわち、輸出企業家志向能力の高い製造業者は、独立チャネルではなくデュアル・チャネルを選択することが示唆された。したがって、**仮説2**は支持された。

　次に、交差項の係数に着目する。Model 1b において、輸出市場志向能力と文化的距離の交差項の係数は、正かつ有意であった（$\beta_4 = 0.80, p < 0.05$）。さらに、交互効果の下位検定を行うべく、被説明変数としてデュアル・チャネル対独立チャネルを設定し、二項ロジスティック回帰分析を行ったうえで、焦点の変数の平均値±標準偏差の値を用いて単純傾斜分析を行った（Dawson, 2014）。**表4-4**に示すとおり、二項ロジスティック回帰分析の結果、Model 2において、輸出市場志向能力と文化的距離の交差項の係数は、正かつ有意であった（$\beta_4 = 0.58, p < 0.05$）。さらに、**図4-3**に示すとおり、単純傾斜分析の結果、文化的距離が小さい時、輸出市場志向能力の係数は、負かつ有意であった（$\beta = -1.12, p <$

| 表4-4 | 分析の結果（実証研究Ⅰ） | | |

係数：説明変数	多項ロジスティック回帰		二項ロジスティック回帰分析
	Model 1a [デュアル・チャネル vs. 統合チャネル]	Model 1b [デュアル・チャネル vs. 独立チャネル]	Model 2 [デュアル・チャネル vs. 独立チャネル]
β_1：輸出市場志向能力（EMO）	-0.86** (0.34)	-0.68** (0.28)	-0.60** (0.28)
β_2：輸出企業家志向能力（EEO）	0.15 (0.35)	0.66** (0.31)	0.58** (0.31)
β_3：文化的距離（CLD）	-0.64* (0.38)	0.27 (0.32)	0.36 (0.35)
β_4：EMO×CLD	0.66 (0.56)	0.79** (0.46)	0.80** (0.49)
β_5：EEO×CLD	0.62 (0.59)	-0.42 (0.55)	-0.24 (0.62)
β_6：企業規模（log）	-0.25* (0.14)	0.29** (0.14)	0.28* (0.14)
β_7：輸出年数	0.02 (0.02)	0.02 (0.02)	0.03 (0.02)
β_8：輸出国数	0.02* (0.01)	0.00 (0.01)	-0.00 (0.01)
β_9：資産特殊性	-0.60** (0.26)	-0.02 (0.20)	0.02 (0.21)
β_{10}：製品標準性	0.12 (0.14)	-0.03 (0.13)	-0.05 (0.14)
β_{11}：集団購買性	-0.11 (0.12)	0.18 (0.12)	0.19 (0.12)
β_{12}：行動多様性	0.30** (0.13)	0.30** (0.12)	0.28** (0.12)
β_{13}：業種ダミー（電子機器）	-0.83 (1.07)	0.23 (0.77)	0.52 (0.78)
β_{14}：業種ダミー（化学）	-0.63 (1.07)	0.12 (0.78)	0.41 (0.79)
β_{15}：業種ダミー（機械）	-0.41 (1.11)	0.16 (0.78)	0.53 (0.80)
β_0：定数項	1.66 (1.02)	0.51** (0.69)	0.14** (1.39)
疑似決定係数（Nagelkerke）	0.35		0.19
N	196		196

注：ただし、各セル内の左列は非標準回帰係数、右列（括弧内）は標準誤差を示す。
　　***は1％水準、**は5％水準、*は10％水準で有意（仮説は片側検定、他は両側検定）。

0.05）一方、文化的距離が大きい時、輸出市場志向能力の係数は、非有意であった（$\beta = -0.08, p > 0.10$）。すなわち、文化的距離は、輸出市場志向能力がデュアル・チャネルの選択確率に及ぼす負の影響を緩和することが示された。したがって、**仮説3**は支持された。

　また、Model 1bにおいて、輸出企業家志向能力と文化的距離の交差項の係数は、非有意であった（$\beta_5 = -0.43, p > 0.10$）。すなわち、文化的距離は、輸出市場志向能力の効果に対して、影響を及ぼさないことが示唆された。したがって、**仮説4**は支持されなかった[11]。

　最後に、統制変数の効果を確認しておきたい。企業規模の係数は、Model 1aにおいて負かつ有意であり（$\beta_6 = -0.25, p < 0.10$）、Model 1bにおいて、正か

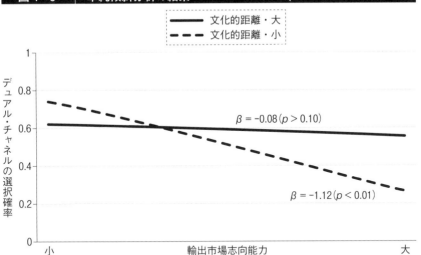

図4-3　単純傾斜分析の結果

文化的距離・大
文化的距離・小

デュアル・チャネルの選択確率

$\beta = -0.08 (p > 0.10)$

$\beta = -1.12 (p < 0.01)$

小　　　　　　　　　　輸出市場志向能力　　　　　　　　　　大

つ有意であった（$\beta_6 = 0.29, p < 0.05$）。すなわち、企業規模が大きいほど、製造業者は、統合チャネルを選択する確率が大きいということが示唆された。行動多様性の係数は、Model 1a においても、Model 1b においても、正かつ有意であった（Model 1a, $\beta_{12} = 0.30, p < 0.05$; Model 1b, $\beta_{12} = 0.30, p < 0.05$）。すなわち、最終顧客の行動が、チャネルごとに変化するような場合には、そうした多様な顧客に対応するために、デュアル・チャネルが選択されることが見出された。

　資産特殊性については、興味深い分析結果が示された。資産特殊性の係数は、Model 1a において負かつ有意であった（$\beta_9 = -0.60, p < 0.05$）。すなわち、資産特殊性が大きいほど、製造業者は、デュアル・チャネルではなく統合チャネルを選択する傾向にあることが示唆された。そして注目するべきことに、資産特殊性の係数は、Model 1b においては非有意であった（$\beta_9 = -0.02, p > 0.10$）。この結果は、資産特殊性がデュアル・チャネルの選択（対 独立チャネルの選択）に正の影響を及ぼすという仮説は、既存研究において支持されてきたものの、本研究においては支持されなかったことを意味する。その理由の1つとして、文化的な影響が考えられる。既存研究が経験的テストを行ってきた米国やカナダに比べて、日本は、集団主義という文化的特徴を有すると指摘されている（Hofstede, *et al.*,

2010)。集団主義的な国では、内集団と見なせる相手、すなわち、信頼できる仲間と見なせる相手としか取引を行わない傾向にある。それゆえ、そうした国では、取引費用理論の重要な仮定である機会主義的行動が、そもそも生じない傾向にある（Chen, Peng, and Saparito, 2002）。こうした理由で、資産特殊性がデュアル・チャネル対独立チャネルの選択に及ぼす正の影響が見出されなかったと考えられる。

▌5．考察

　前節においては、海外流通の文脈において、輸出市場志向能力および輸出企業家志向能力という2つのケイパビリティ要因が、デュアル・チャネルの選択に及ぼす影響、および、その影響に対する文化的距離の調整効果について実証分析を行った結果を示した。本節においては、そうした実証分析の結果について考察したい。

◉──5-1　輸出企業家志向能力の効果

　分析の結果、**仮説2**の主張のとおり、輸出企業家志向能力は、デュアル・チャネルの選択（対 独立チャネルの選択）に対して、正の影響を及ぼすことが見出された。すなわち、輸出企業家志向能力の高い企業は、独立チャネルではなく、デュアル・チャネルを選択する傾向にあることが示唆された。他方、分析の結果、輸出企業家志向能力が、デュアル・チャネルの選択（対 統合チャネルの選択）に及ぼす有意な影響は見出されなかった。すなわち、輸出企業家志向能力の高い企業は、統合チャネルとデュアル・チャネルのどちらも選択する可能性があることが示唆された。

　これらの分析結果から、輸出企業家志向能力の高低と、チャネル選択について、次のようなことが考察される。輸出企業家志向能力の高い製造業者は、ハイリスクなプロジェクトを引き受け、革新的な製品・サービスを開発し、新しい市場機会を積極的に探し求めている。そうした製造業者は、流通業者という第三者の抵

抗を受けることなく、新しいアイディアをいち早く導入して、顧客から素早くフィードバックを得ることを目指している。それを実現するために、そうした製造業者は、自社の意思決定を反映させやすいチャネル、すなわち、統合チャネルを、少なくともある程度は使用する。つまり、輸出企業家志向能力の高い製造業者の中には、チャネルシステム内の一部分のみを統合チャネルで構成する（デュアル・チャネルシステムを構築する）製造業者もいれば、チャネルシステムをすべて統合チャネルで構成する製造業者もいるということである。いずれにせよ、輸出企業家志向能力の高い製造業者は、統合チャネルを用いて、新たなアイディアを積極的に市場に導入し、顧客から迅速なフィードバックを得て改良を進めることによって、企業家志向的な活動を実現しようと試みる。

◉── 5-2　輸出市場志向能力の効果

　分析の結果、**仮説1**に反して、輸出市場志向能力は、デュアル・チャネルの選択（対 独立チャネルの選択）に対して、負の影響を及ぼすことが見出された。すなわち、輸出市場志向能力の高い企業は、デュアル・チャネルではなく、独立チャネルを選択する傾向にあることが示唆された。加えて、輸出市場志向能力は、デュアル・チャネルの選択（対 統合チャネルの選択）に対しても、負の影響を及ぼすことが見出された。すなわち、輸出市場志向能力の高い企業は、デュアル・チャネルではなく、統合チャネルを選択する傾向にあることが示唆された。要するに、これらの分析結果が示していることは、輸出市場志向能力の高い企業は、デュアル・チャネルではなく、シングル・チャネル（統合チャネルのみ、ないし、独立チャネルのみ）を選択する傾向にある。こうした分析結果が見出された理由を、次のように考察することができる。

　本研究では、輸出市場志向能力の高い企業は、デュアル・チャネルを使用すると推測していた。その理由は、輸出市場志向能力の高い企業は、顧客からの情報収集や顧客への販売・サポート対応を直接的に行うことによって、市場志向活動を実現しようとすると考えたからである。確かに、デュアル・チャネルは、市場志向を実現するために役立つ一方で、デュアル・チャネルを使用するには、複数種類のチャネルを扱う管理コストや、チャネル間コンフリクトを統制するコスト

が必要となってしまう。輸出市場志向能力の高い企業は、すでに市場志向を実現しうる力を持っているために、そうしたコストを支払ってまで、敢えてデュアル・チャネルを選択する必要は無いと考え、シングル・チャネルを選択している可能性がある。そして、輸出市場志向能力の低い企業こそ、自社の低水準な能力を補って輸出市場志向を実現するべく、上述したコストを支払ってでもデュアル・チャネルを選択すると考えられる[(12)]。

　他方で、分析の結果、**仮説3**の主張のとおり、輸出市場志向能力と文化的距離の交互効果は、デュアル・チャネルの選択に正の影響を及ぼすことが見出された。すなわち、日本と輸出先国が文化的に異なるほど、輸出市場志向能力の高い企業が、独立チャネルではなく、デュアル・チャネルを選択する傾向が強まることが示唆された。母国と文化的にかけ離れた国では、最終顧客が有する行動や戦略に加えて、その基礎となる規範や価値観が大きく異なる。そうした輸出先国においては、輸出市場志向能力の高い製造業者といえども、市場情報の収集・反応が困難になり、市場志向活動を実現することが難しくなる。輸出市場志向能力の高い製造業者は、情報源を多様化させてこの困難性を克服するべく、チャネル形態を多様化させる、すなわち、独立チャネルだけではなく、自社チャネルをも併用してデュアル・チャネルを選択しようとする。文化的距離が大きくなると、チャネル・メンバー間の対立が発生しやすくなるわけであるが（Vaaland, Haugland, and Purchase, 2004）、デュアル・チャネルを選択することで、そうした対立をさらに激化させてしまう恐れがある（Al-Obaidi and Gabrielsson, 2002）。そうした危険性があったとしても、輸出市場志向能力の高い製造業者は、多様な情報源から市場情報を収集し、多様なチャネルを用いて市場情報に反応することを重視するため、デュアル・チャネルを選択すると考えられる。

［付記］
第4章：本章は、下記の既発表論文に加筆修正を施したものである。
Ryuta Ishii (2022), "Dual Distribution Channels in Foreign Markets: A Capability-Based Analysis," *International Journal of Marketing & Distribution*, Vol. 5, No. 1, pp.1-15.

(1)なお、本研究は、輸出市場志向能力の高さは、統合チャネルを選択するのかデュアル・チャネルを選択するのかという意思決定には影響を及ぼさないと考えている。輸出市場志向能力がデュアル・チャネル 対 統合チャネルの選択に及ぼす影響に関しては、本研究の焦点ではないため仮説を設定しないものの、その影響に関する実証分析の知見については第5節において議論する。

(2)なお、本研究は、輸出市場志向能力と同様に、輸出企業家志向能力の高さも、統合チャネルを選択するのかデュアル・チャネルを選択するのかという意思決定には影響を及ぼさないと考えている。輸出企業家志向能力がデュアル・チャネル 対 統合チャネルの選択に及ぼす影響に関しては、本研究の焦点ではないため仮説を設定しないものの、その影響に関する実証分析の知見については第5節において議論する。

(3)調査は、科学研究費補助金（特別研究員奨励費、課題番号17J03156）の援助を受けて行った。

(4)ただし、（1）事業部制ないしカンパニー制を採用している企業については、事業部ないしカンパニーを送付先として選定し、（2）持株会社（HD企業）については、当該企業が完全所有している事業子会社を送付先として選定し、（3）それ以外の企業については、チャネル戦略の意思決定を担っている部門を送付先として選定した。

(5)日本国内の消費財企業を対象に行われた定量的な調査でも、同様に、チャネル戦略に関する意思決定の大半を、営業・販売部門が担っていると報告されている。具体的には、チャネル戦略に関する意思決定の約50％を営業・販売部門が、約25％を広告・マーケティング部門が、残りの約25％をその他の部門が担っていると報告されている（山下・福冨・福地・上原・佐々木, 2012, p.186）。

(6)ただし、本調査の情報提供者について、既存研究と比較すると、（1）知識・経験水準に関する質問項目の平均値は若干低い傾向にある一方、（2）企業・事業部における勤続年数は高い傾向にある。（1）について、他国に比べて日本人は、調査における質問に回答する際に、極端な値（例えば、7点法における7や1）を避けて中間的な値（例えば、7点法における4）を回答する傾向にある（Chen, Lee, and Stevenson, 1995）。それゆえ、充分な知識・経験を有していたとしても、極端な値を避ける回答者が多かったのではないかと推察することができる。他方、（2）について、日本企業の雇用慣行の1つとして、終身雇用制（ないし長期的雇用制）を採用する企業が多いということが原因であると考えられる。

(7)本研究のサンプルのうち、「貴社 → 合弁会社 → 現地顧客」という輸出経路を有する12のケースについて、いずれも、合弁会社への出資比率が半数以上（50％〜70％）であった。それゆえ、「貴社 → 合弁会社 → 現地顧客」という輸出経路を、統合チャネルに分類して分析を行った。

(8)Cadogan（2012）によると、輸出市場志向や輸出企業家志向のような戦略的志向概念は、単一次元ではなく、多次元的特性を有する概念であるため、性質上、反映的尺度ではなく、形成的尺度として測定するべきであるという。本研究も、こうした議論に基づいて、輸出市場志向能力および輸出企業家志向能力を複数次元から構成される形成的尺度として捉える。それゆえに、各戦略的志向概念全体の信頼性・妥当性の指標（α係数、CR、AVE）を算出していない。

(9)なお、本研究が提唱した仮説はいずれも、企業がデュアル・チャネルを選択するのか独立チャネルを選択するのかという意思決定に焦点を合わせており、企業がデュアル・チャネルを選択するのか統合チャネルを選択するのかという意思決定には焦点を合わせていない。しかしながら、仮説1および仮説2の提唱に際して、本研究は、輸出市場志向能力および輸出企業家志向能力がデュアル・チャネルの選択（対 統合チャネルの選択）に影響を及ぼさないことを示唆した。本研究は、これに関する経験的知見を提供するべく、デュアル・チャネル企業と独立チャネル企業だけではなく、統合チャネル企業もモデルに含めて分析を実行した。

(10)Cho and Abe (2013) は、方向性を有する場合には片側検定を用いるべきであると主張している。本研究も、彼らに倣って、片側検定を採用している。しかしながら、片側検定は、両側検定に比して、より非保守的で甘いテストを行ってしまう危険性があるという点には留意するべきであろう。

(11)分析結果の頑健性を確認するために、被説明変数たるデュアル・チャネルダミーの基準値を変えて追加分析を行った。具体的には、まず、統合チャネルと独立チャネルのうち一方の売上比率が5％より大きくて95％より小さい（すなわち、6 ～ 94％である）企業をデュアル・チャネル企業と見なす「5％基準」ではなく、一方の売上比率が10％より大きくて90％より小さい（すなわち、11 ～ 89％である）企業をデュアル・チャネル企業と見なす「10％基準」、および、双方の売上比率が少しでも存在する企業をすべてデュアル・チャネル企業と見なす「0％基準」を用いて、輸出チャネルの種類の変数を作成した。なお、10％基準を用いた場合、196のサンプルのうち、50は統合チャネル企業（25.5％）、61は独立チャネル企業（31.1％）、85はデュアル・チャネル企業（43.9％）として分類され、0％基準を用いた場合、196のサンプルのうち、41は統合チャネル企業（20.9％）、49は独立チャネル企業（25.0％）、106はデュアル・チャネル企業（54.1％）として分類された。次に、この変数を被説明変数に設定して、多項ロジスティック回帰分析を行った。その結果、仮説にかかわる単項および交差項の係数について、一貫した分析結果が見出された。したがって、輸出チャネルの種類の変数を作成する基準値に関して、前項の分析結果は概ね頑健であると結論づけられる。

(12)輸出市場志向能力がデュアル・チャネルの選択に及ぼす影響について、既存研究とは異なる結果が見出された理由として、輸出市場志向能力の測定方法に問題があった可能性もある。この点について詳しくは、第8章を参照のこと。

第 5 章 | **実証研究Ⅱ**
　　　　─デュアル・チャネルにおける対立─

1. 問題意識

　デュアル・チャネルは、多様な顧客ニーズに対応し、自社製品の販売量を増や
す可能性を有している一方、統合チャネルと独立チャネルの間で、同一顧客をめ
ぐる衝突を発生させてしまう危険性も有している（Moriarty and Moran, 1990;
Brown and Fern, 1992）。製造業者は、独立チャネル同士の衝突を見過ごすこと
はできても、統合チャネルと独立チャネルの衝突を看過することはできない。な
ぜなら、統合チャネルと独立チャネルの衝突はすなわち、それぞれのチャネルの
所有者である製造業者と流通業者の対立へとつながるからである。そうした対立
は、やがて、統合チャネルと独立チャネルが、互いに妨害活動や非協力的活動を
採るという形で顕在化する。具体的には、一方のチャネルが他方のチャネルに対
して、見込顧客を引合に出さない、市場情報を隠蔽する、あるいは、一切のサ
ポートを行わないといった破壊的行動として顕在化する（Sa Vinhas and
Anderson, 2005）。破壊的行動は、チャネルシステム全体の成果を低める恐れが
あるため、デュアル・チャネルを採用する製造業者は、何らかの管理方策を講じ
て、破壊的行動が発生するのを防がなければならない（Frazier, 1999; Claro,
Vojnovskis, and Ramos, 2018）。

　既存研究はこれまで、統合チャネルや独立チャネルの破壊的行動が生じないよ

う管理する方策として、2種類の方策、すなわち、第1に、取扱製品・標的顧客・販売地域をチャネルごとに区分する境界システム、および、第2に、他のチャネルによって獲得された売上に対して、あるチャネルが重要な役割を果たした際に、当該チャネルに対して経済的インセンティブを与える補償システムを同定してきた（Moriarty and Moran, 1990; Sa Vinhas and Anderson, 2005, 2008）。そして、これらの管理方策は、統合チャネルと独立チャネル間の熾烈な衝突を防ぎ、破壊的行動が発生する可能性を減じることを経験的に見出してきた（Sa Vinhas and Anderson, 2005; Sa Vinhas and Heide, 2015）。それと同時に、既存研究は、境界システムと補償システムという管理方策を効果的に策定・実行することは、製造業者にとって困難であることも示唆してきた（Sa Vinhas and Anderson, 2005, 2008）。そうであるならば、製造業者の中には、そうした困難性を克服して、境界システムと補償システムを、他の競合他者よりも首尾よく機能させられる者も存在するであろう。それでは、どのような製造業者が、境界システムや補償システムという管理方策を、首尾よく策定・実行することができるのであろうか。すなわち、どのような企業特性が、管理方策の効果を促進するのであろうか。

　この問いに解答を与えるための鍵概念として、対立学習能力が挙げられる。これは、対立を通して、チャネル・メンバーの意見や、対立の発生原因について学習する能力のことを指す。近年、チャネル対立に関する研究は、対立学習能力が、チャネル戦略の質を高めることを経験的に見出してきた（Chang and Gotcher, 2010; Tang, *et al.*, 2017）。ただし、これらの既存研究は、製造業者がシングル・チャネルを採用している状況を想定しており、製造業者がデュアル・チャネルを採用している状況における、対立学習能力の有効性を検討してはいない。本章では、企業が効果的な管理方策を策定・実行するために、対立学習能力が役に立つか否かを吟味する。換言するならば、本章では、管理方策の効果を、対立学習能力が促進するか否かを探究する。

　本章は、次のように構成される。続く第2節「仮説提唱」において、既存研究の問題を解消するための概念モデルを構築し、仮説を提唱する。第3節「調査方法」において、調査対象や調査手続きに加えて、収集されたデータの妥当性を確認するための手続き（例えば、情報提供者の確認、無回答バイアスの検定、コモンメソッドバイアスの確認）について記述する。第4節「分析結果」において、

データの分析方法を検討した後、分析した結果を示す。最後に第5節「考察」において、分析結果について議論し、得られた研究知見を提示する。

2．仮説提唱

●──2-1　概念モデルの構築

　図5-1には、本研究の概念モデルが示されている。この概念モデルは、境界システムと補償システムという2つの管理方策が、破壊的行動に対して、負の影響を及ぼすことを描写している[1]。すなわち、製造業者は、境界システムや補償システムを設計・実行することによって、破壊的行動を抑制できることを示唆している。加えて、対立学習能力が、そうした管理方策の負の効果を促進することも描写している。すなわち、対立学習能力の高い製造業者は、そうでない製造業者に比して、境界システムや補償システムを設計・実行することによって、破壊的行動をより大きく抑制できることを示唆している。次項以降においては、この概念モデル内の個々の因果関係に関する仮説を提唱する。

●──2-2　境界システムと対立学習能力に関する仮説

　第2章において概観したとおり、境界システムは、統合チャネルと独立チャネルで、同一顧客をめぐって衝突してしまう前に、両チャネル間で担当領域を区分するルールを設けることによって、両チャネルそれぞれの役割を明確化し、破壊的行動を防ぐことを狙っている（Moriarty and Moran, 1990）。加えて、そうしたルールを設けていること自体が、各チャネルの幸福について製造業者が関心をもっているというシグナルを発するため、チャネル・メンバーの不平等感や不信感の知覚を減じることができる（Sa Vinhas and Anderson, 2005）。したがって、デュアル・チャネル採用企業は、境界システムを設計・実行することによって、

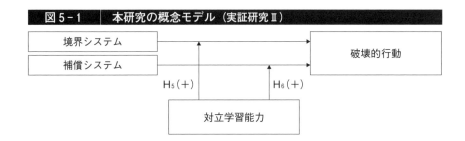

図5-1　本研究の概念モデル（実証研究Ⅱ）

境界システム

補償システム

破壊的行動

H₅（＋）　　　H₆（＋）

対立学習能力

チャネル対立の水準を低下させて、破壊的行動の発生を防ぐことができる（Moriarty and Moran, 1990; Sa Vinhas and Anderson, 2005）。

　しかしながら、チャネル・メンバーは、しばしば境界ルールを無視するため、製造業者にとって、境界システムを首尾よく機能させることは、容易なことではなく（Moriarty and Moran, 1990; Sa Vinhas and Anderson, 2005）、製造業者の中には、境界システムを首尾よく機能させられる者もいれば、そうでない者もいる。対立学習能力の高い製造業者は、過去の経験を通して、各チャネル・メンバーのニーズや対立の原因に関する知識を蓄積している（Chang and Gotcher, 2010）。そうした製造業者は、各チャネル・メンバーが納得するように、境界を決めて担当領域を区分することができる。そうした境界ルールは、チャネル・メンバーから破られにくく、それゆえ、境界システムが首尾よく機能して、破壊的行動を抑制することができる。

　一方、対立学習能力の低い製造業者は、各チャネル・メンバーのニーズや対立の原因について把握しないまま、担当領域を区分する境界ルールを設計してしまうかもしれない。すると、各チャネル・メンバーは、製造業者が定めたその境界ルールには従わずに、他のチャネルが担当すべき領域に侵入して、その領域における顧客とコンタクトを取ってしまうであろう（Sa Vinhas and Anderson, 2005）。さらに、各チャネル・メンバーは、そのような納得しがたい境界ルールを設計した製造業者に対して、不公平感や不信感を抱く恐れもあると考えられる。したがって、次の仮説を提唱する。

　　仮説5　対立学習能力は、境界システムが破壊的行動に及ぼす負の影響を促進する。

◉──2-3　補償システムと対立学習能力に関する仮説

　第2章において概観したとおり、補償システムは、あるチャネルが他のチャネルの売上に貢献した場合に、その努力に対して経済的インセンティブを与えるというルールを設けることによって、努力したチャネル・メンバーに不満感を抱かせず、かつ、破壊的行動を防ぐことを狙っている（Sa Vinhas and Anderson, 2008）。加えて、境界システムと同様に、そうしたルールを設けていること自体が、各チャネルの幸福について製造業者が関心をもっているというシグナルを発するため、チャネル・メンバーの不平等感や不信感の知覚を減じることができる（Sa Vinhas and Anderson, 2005）。したがって、デュアル・チャネル採用企業は、補償システムを設計・実行することによって、チャネル対立の水準を低下させて、破壊的行動の発生を防ぐことができる（Moriarty and Moran, 1990; Sa Vinhas and Anderson, 2005）。

　しかしながら、チャネル・メンバーの貢献度は、しばしば曖昧であるため、製造業者にとって、補償システムを首尾よく機能させることは、容易なことではなく（Moriarty and Moran, 1990; Sa Vinhas and Anderson, 2005）、製造業者の中には、補償システムを首尾よく機能させられる者もいれば、そうでない者もいる。対立学習能力の高い製造業者は、過去の経験を通して、各チャネル・メンバーの信念や行動に関する知識を蓄積しているため（Chang and Gotcher, 2010）、各チャネル・メンバーの貢献度を比較的容易に評価できる。そうした製造業者は、補償ルールに基づいた適切な補償システムの運営を行うことができるため、補償システムを首尾よく機能させられ、ひいては、破壊的行動を抑制できる。

　一方、対立学習能力の低い製造業者は、対立学習能力の高い製造業者に比して、効果的な補償システムを設計・実行できない傾向にあると考えられる。対立学習能力の低い製造業者は、各チャネル・メンバーに関する知識を豊富には有していないため、売上に対する各チャネル・メンバーの努力を、正確には評価できないかもしれない。そうした製造業者は、補償するべき努力に対して補償を与えず、そうでない努力に対して補償してしまう恐れがある。すると、製造業者は、各チャネル・メンバーに対して不満感を抱かせてしまい、対立の水準を高め、破壊

的行動を引き起こしてしまうであろう。したがって、次の仮説を提唱する。

仮説6　対立学習能力は、補償システムが破壊的行動に及ぼす負の影響を促進する。

3．調査方法

◉── 3-1　データの収集

　調査は、2016年9月に行った[2]。調査対象は、国内市場に向けて生産財を生産している日本の製造業者である。標本抽出枠は、「日経NEEDS」（日本経済新聞社）に記載されている機械、電子機器、精密機器、化学、あるいは、非鉄金属・金属製品の5つの業種に属する東証一部および二部上場企業全677社のリストであった。この中から、（1）主に生産財ではなく消費財を取り扱っている企業、（2）製造業ではなく卸売業や加工業を主力とする企業、（3）取り扱っている製品の大半が海外販売（輸出）である企業、および、（4）買収、合併、倒産などによって現存していない企業を除外した。除外されなかった企業については、「D-VISION NET」（ダイヤモンド社）および各企業のWebサイトを参照しながら、第4章と同様の基準で送付先を選定した。以上の手続きを踏まえて、507社1,000事業部を送付先として選定した。

　これら1,000事業部に、カバーレター、調査票、および、料金後納の返信用封筒を含む封筒を郵送した。カバーレターと調査票には、次の3点を明記した。すなわち、（1）本調査の目的は学術研究であり、回答内容は外部に漏洩しないこと、（2）各企業において流通・販売に従事した経験のある方に回答を依頼していること、および、（3）（本調査への協力を動機づけるために）氏名と連絡先を記入した回答協力者には後に本調査の結果レポートを送付すること、である。調査票を発送してから2週間後に、調査票の返送を促すための督促状を発送した。ま

図5-2　統合チャネルと独立チャネルの違い

（1）統合チャネル	（2）独立チャネル
［貴社営業部隊］による販売や、貴社が半数以上の資本（株式）をもつ［子会社・販社・系列商社］による販売	［独立した代理店・商社］を通した販売

貴社 ➡ 営業部隊（直取引）子会社/販社/系列商社 ➡ 最終顧客

※カタログ、インターネット販売を除く

貴社 ➡ 販売代理店 独立系商社 ➡ 最終顧客

※カタログ、インターネット販売を除く

た、調査票を紛失した回答候補者には、督促状に記載された URL から本調査専用の Web サイトにアクセスして、本調査と同一の質問に回答するよう求めた。

　回収された調査票は273票であり、回収率は27.3％であった[3]。273票のうち、11票は、（1）回答を拒否した、（2）回答者が情報提供者の規準を満たしていなかった、あるいは、（3）欠損値を含んでいたため、分析に用いることができないと判断した。これらを除いた有効票は262票（有効回答率は26.2％）であった。さらに、本研究の分析には、デュアル・チャネルを採用している事業部のみが含まれなければならない。それゆえ、シングル・チャネルを採用している事業部を分析から除外する必要がある。そこで、回答者には、**図5-2**に示すように、統合チャネルと独立チャネルの違いを説明したうえで、想定した主力製品の統合チャネルを通じた売上と、独立チャネルを通じた売上の比率を回答してもらった。そして、いずれかのチャネルの売上比率が95％より大きい場合には、当該事業部をシングル・チャネル採用企業、すなわち、概ね1種類のチャネルのみを用いている企業であると見なして、分析から除外した。その結果、105事業部を分析から除外したため、最終的なサンプルサイズは、157であった。これら157事業部の特徴は、**表5-1**に示すとおりであった。

表5-1	サンプルの特徴（実証研究Ⅱ）	

業種		売上高（十億円）※			統合チャネルの売上比率（%）※		
化学	35.0%		～	25	22.3%	0 ～ 10	13.4%
機械	32.5%	25 ～	50	15.3%	11 ～ 30	19.7%
電子機器	21.0%	50 ～	100	15.3%	31 ～ 70	24.8%
金属	11.5%	100 ～	500	21.7%	71 ～ 90	29.3%
		500 ～	1,000	12.1%	91 ～ 100	12.7%
		1,000 ～		13.4%		

企業勤続年数（年）※		部門勤続年数（年）		肩書※	
～ 10	13.4%	～ 3	12.1%	社長、常務、本部長	12.1%
10 ～ 20	17.8%	3 ～ 10	28.7%	部長	33.8%
20 ～ 25	15.9%	10 ～ 15	17.2%	次長、課長	35.7%
25 ～ 30	20.4%	15 ～ 20	10.8%	係長、主任	13.4%
30 ～ 40	19.7%	20 ～ 25	11.5%	その他	5.1%
40 ～	12.7%	25 ～	19.7%		

注：※…各項目の数字を端数処理しているため、構成比の合計値は100.0%にはならない。

◉── 3-2　情報提供者の確認

　本研究の調査においては、特定製品のチャネル戦略に関するデータを収集するために、先述のとおり、各企業において製品の流通・販売に従事した経験のある人物に本調査の回答を依頼した（Campbell, 1955）。さらに、第4章と同様の手続きで、キーインフォーマントチェックを事後的に行った。その結果、回答協力者の知識水準の平均値は5.99（標準偏差は0.98）、経験水準の平均値は5.94（標準偏差は1.22）であった。また、**表5-1**に示すとおり、企業における勤続年数の平均値は23.5年（標準偏差は10.2）、部門における勤続年数の平均値は13.6年（標準偏差は10.2）であり、大半の回答協力者が常務、部長、次長、あるいは、課長などの上級職に就いていた。こうした情報提供者の知識・経験水準は、既存研究における情報提供者の知識・経験水準と比べて充分に高い値を示している（e.g., Kabadayi, et al., 2007; Fürst, et al., 2017）。以上より、本調査の回答協力者は、自社の流通・販売に関する知識と経験を充分に有しているため、適切な情報提供者としての資質を具えていると判断することができる。

◉── 3-3　無回答バイアスの検定

　第4章と同様に、無回答バイアスについて、2つの方法を用いて検定を行った。まず、多変量分散分析（MANOVA）を用いて、早期回答協力者グループ（N = 110）と、後期回答協力者グループ（N = 47）の平均値を比較した[4]。その結果、両グループ間に有意な差は確認されなかった（Wilks' Lambda = 0.97, p = 0.53）。次に、調査票が発送された1,000事業部のうち、調査票を返却した事業部のグループ（N = 273）の年間売上高と、返却しなかった事業部のグループ（N = 727）の年間売上高を比較した。t検定の結果、両者の間に有意な差は確認されなかった（t = 0.58, p = 0.56）。以上の分析結果は、本調査において、無回答バイアスが重大な問題ではないことを示唆している。

◉── 3-4　コモンメソッドバイアスの確認

　本研究の調査においては、単一の情報提供者による一時点の情報を収集するため、コモンメソッドバイアスが生じてしまう恐れがある。そこで、第4章と同様に、その対処法を実施するべく、調査設計の段階において、質問項目の内容と配置を工夫し、加えて、回答者の機密性を確保した。さらに、データの収集後、コモンメソッドバイアスについて2つの方法を用いて検定を行った。まず、Harman の単一因子検定を行うために、回転なしの探索的因子分析を行った。分析の結果、固有値が1以上の因子が5つ抽出され、かつ、第1因子によって説明できる分散は、18.2%という低い値に留まった。次に、MV（marker-variable）法による検定を行った。MV として用いたのは、「主力製品を生産する技術・テクノロジーは、イノベーションが生じやすい」の質問項目によって測定される、技術の変動性という変数であった。MV を統制した偏相関係数と、統制していない相関係数を比較した結果、両者の間で係数や有意性はほとんど変わらなかった。以上の分析結果は、本研究において、コモンメソッドバイアスが重大な問題ではないことを示唆している。

◉── 3-5　測定方法

　本研究において用いた被説明変数、説明変数、および、統制変数の具体的な質問項目は**表5-2**に、記述統計量および相関係数は**表5-3**に示すとおりであった。すべての質問項目は、既存研究を基に作成し、その後、実務家に対する事前インタビューを踏まえて修正した[5]。調査票の質問に回答してもらう際には、各企業ないし事業部の主力製品を1つ、そして、その主力製品の販売経路（ないし商流）を想定してもらった。

■被説明変数

　被説明変数として用いたのは、「破壊的行動」である。この概念を測定するために、Sa Vinhas and Anderson（2005）が用いた3つの質問項目を採用した[6]。また、後述する追加分析において使用した「チャネルシステム成果」は、企業の業績向上に対するチャネル戦略の貢献度という観点から捉えた。この概念を測定するために、Kabadayi, *et al.*（2007）が用いた3つの質問項目を採用した。これらの質問項目にも、7点リカート尺度（7：非常にそう思う～1：全くそう思わない）を採用した。

■説明変数

　「境界システム」は、取扱製品、担当顧客、および、販売地域をチャネル間で区分している程度のことである。この概念を測定するために、Moriarty and Moran（1990）および Sa Vinhas and Anderson（2005）を参考にして3つの質問項目を作成した。これら3つの質問項目はそれぞれ、取扱製品の区分、担当顧客の区分、および、販売地域の区分を捉える質問項目である。取扱製品の区分と担当顧客の区分に関する2つの質問項目は、Sa Vinhas and Anderson（2005）の質問項目を採用した。販売地域の区分については、これを測定した実証研究が存在しなかったため、Moriarty and Moran（1990）の記述を参考にして新たに作成した。「補償システム」は、あるチャネルが他のチャネルの売上に貢献した際に、当該チャネルに経済的補償を行う程度のことである。この概念を測定する

表5-2	構成概念と質問項目（実証研究Ⅱ）

構成概念と質問項目	FL/VIF
破壊的行動（cf. Sa Vinhas and Anderson, 2005） 　仮に、貴社の主力製品を扱う統合チャネルと独立チャネルの両方が、販売段階まで、同一顧客とコンタクトをとっていたとします。この状況で、両チャネルがとるであろう行動について、お伺いします。 〈7：非常にそう思う〜1：全くそう思わない〉［α = 0.91, CR = 0.91, AVE = 0.78］	
a. この状況では、両チャネルは、受注を獲得するために協力する。(R)	0.82
b. この状況では、両チャネルは、単独ではなく、互いに協力して、営業活動や技術的サポートを行う。(R)	0.95
c. この状況では、両チャネルは、1つの販売チームという意識で、ビジネスを行う。(R)	0.87
チャネルシステム成果（cf. Kabadayi, *et al*., 2007） 〈7：非常にそう思う〜1：全くそう思わない〉［α = 0.84, CR = 0.86, AVE = 0.68］	
a. 国内における貴社の販路（販売チャネル）戦略は、業績を高めることに貢献している。	0.86
b. 貴社が、過去3年間、国内で良い成果をあげてきたのは、販路（販売チャネル）の管理・戦略が大きく関係している。	0.97
c. 国内における過去3年間の業績の向上は、販路（販売チャネル）の管理・戦略によるところが大きい。	0.60
境界システム（cf. Moriarty and Moran, 1990; Sa Vinhas and Anderson, 2005）※形成的尺度 〈7：非常にそう思う〜1：全くそう思わない〉	
a. 統合チャネルと独立チャネルでは、取り扱う主力製品の大きさ、種類、ブランドなどが異なるようにしている。	1.03
b. 特定の見込顧客に対して、統合チャネルと独立チャネルの、どちらで販売できるのかについて、明確なルールを設定している。	1.52
c. 統合チャネルと独立チャネルで、それぞれが販売できる顧客を、地域に基づいて限定・制限している。	1.52
補償システム（cf. Sa Vinhas and Anderson, 2008） 〈7：非常にそう思う〜1：全くそう思わない〉［α = 0.69, CR = 0.69, AVE = 0.53］	
a. 統合チャネルと独立チャネルが、共同で営業活動や販売前サービスを行って、顧客と契約に至れば、どちらも経済的な見返りを得ることができる。	0.72
b. 独立チャネルが統合チャネルへ、見込顧客を引合に出して、その顧客から売上が生じれば、引合に出した独立チャネルも経済的な対価を得る。	0.73
対立学習能力（cf. Chang and Gotcher, 2010） 〈7：非常にそう思う〜1：全くそう思わない〉［α = 0.85, CR = 0.85, AVE = 0.66］	
a. 統合チャネルと独立チャネルが競い合う原因を把握している。	0.74
b. 過去に統合チャネルと独立チャネルが対立・衝突した際に、なぜ対立・衝突が生じたのかを分析し、それを経験として蓄積している。	0.92
c. 統合チャネルと独立チャネルが競い合った場合に、貴社はどのように対処すればよいのか、これまでの経験から学んでいる。	0.77

市場成長率	
a. その主力製品市場の今後 3 年間を考えた際に、1 年あたりの国内の平均的な市場成長率は、どの程度と予測できますか。	―

コミュニケーション (cf. Palmatier, *et al.*, 2007) 〈7：非常にそう思う〜1：全くそう思わない〉[$\alpha = 0.79$, CR = 0.80, AVE = 0.59]	
a. 貴社と独立チャネル（代理店・商社）は、互いに、正確に情報を伝達している。	0.85
b. 貴社と独立チャネル（代理店・商社）のコミュニケーションは、迅速あるいはタイムリーに行われる。	0.85
c. 貴社と独立チャネル（代理店・商社）が相互に情報を交換する場が、定期的に設けられている。	0.55

流通業者の有能性 (cf. Lin and Chen, 2008; 髙田, 2013) 〈7：数多く存在する〜1：ほとんど存在しない〉[$\alpha = 0.87$, CR = 0.87, AVE = 0.69]	
a. 国内には、貴社（系列）に比べて、より多くの販売経験や販売スキルを持つ代理店・商社が…	0.89
b. 国内には、貴社（系列）に比べて、営業部隊の管理に力を入れている代理店・商社が…	0.78
c. 国内には、貴社（系列）に比べて、最終顧客に対する販売について、専門的なノウハウを持つ代理店・商社が…	0.82

注：ただし、最右列には、当該変数が反映的尺度であれば因子負荷量（FL: Factor Loadings）を、形成的尺度であれば分散拡大係数（VIF: Variance Inflation Factor）の最大値を記載している。また、(R) は逆転項目を表す。

表5-3　記述統計量と相関係数（実証研究Ⅱ）

	1	2	3	4	5	6	7	8	9
1. 破壊的行動	―								
2. チャネルシステム成果	-0.16*	―							
3. 境界システム	-0.02	0.01	―						
4. 補償システム	-0.50*	0.08	-0.14	―					
5. 対立学習能力	-0.07	0.07	0.02	0.03	―				
6. 市場成長率	-0.03	0.14	-0.01	0.02	0.04	―			
7. コミュニケーション	-0.12*	0.21*	0.12	0.07	0.05	0.04	―		
8. 企業規模 (log)	0.03	-0.26*	0.06	-0.02	-0.09	-0.13	0.00	―	
9. 流通業者の有能性	0.18*	0.17*	-0.19*	-0.04	-0.09	-0.07	0.18*	-0.03	―
平均値	4.02	3.85	3.65	4.15	4.85	2.27	4.62	7.03	3.80
標準偏差	1.83	1.34	1.37	1.72	1.37	5.52	1.21	1.11	1.36
最大値	7.00	7.00	6.67	7.00	7.00	30.0	7.00	9.82	7.00
最小値	0.00	1.00	1.00	1.00	1.00	-15.0	1.00	4.54	1.00

注：ただし、*は5%水準で有意。

ために、Sa Vinhas and Anderson（2008）が用いた３つの質問項目を採用した。ただし、３つの質問項目のうち、１つの質問項目は、他の２つの質問項目と著しく相関が低かったため、分析から除外した。「対立学習能力」は、チャネル・メンバーの行動やチャネル対立の原因について、過去の対立を通して学習する力のことである。この概念を測定するために、Chang and Gotcher（2010）を参考にして３つの質問項目を作成した。以上の質問項目には、７点リカート尺度（7：非常にそう思う～１：全くそう思わない）を採用した。

■統制変数

　被説明変数に影響を及ぼしうる他の要因も、統制変数として考慮した。第１に、チャネル間で既存顧客の奪い合いを行う程度を統制するために、市場成長率を統制変数として設定した。第２に、製造業者と流通業者の間で、正確・迅速・定期的なコミュニケーションが行われている程度を統制するために、製造業者と流通業者のコミュニケーションを統制変数として設定した（Palmatier, *et al.*, 2007）。第３に、企業規模を統制するために、従業員数を統制変数として設定した。なお、分散を最小化するために、自然対数をとった。第４に、流通業者の能力を統制するために、流通業者の有能性を統制変数として設定した。第５に、業種間格差を統制するために、業種ダミーを統制変数として設定した。なお、分析に用いられる157のサンプルが属する業種は、４種類（化学、機械、電子機器、および、金属）であったため、金属業界を基準として３つのダミー変数を作成した。

◉──3-6　測定方法の妥当性

　複数の質問項目を用いて測定した概念については、その測定方法の妥当性を確認する必要がある。ただし、反映的尺度と形成的尺度は、尺度を作成する際の基礎となる論理がまったく異なるため、尺度の妥当性を確認する方法も異なる（e.g., Diamantopoulos and Winklhofer, 2001; Diamantopoulos, Riefler, and Roth, 2008）。複数の質問項目を用いて測定した概念のうち、破壊的行動、チャネルシステム成果、補償システム、対立学習能力、コミュニケーション、および、流通業者の有能性の６つの概念は、反映的尺度（reflective scale）として測定した一方、境界

システムは、形成的尺度（formative scale）として測定した。そこで、境界システムを除く6つの概念の測定方法の妥当性と、境界システムの測定方法の妥当性を、別々に確認した。

　まず、反映的尺度の妥当性を確認するために、各構成概念の質問項目をすべて含めた測定モデルについて、最尤法を用いた確認的因子分析を行った。その結果、モデルの全体的な適合度は、満足いく値を示した（χ^2 = 143.50 [d.f. = 104、p < 0.01]、χ^2 / d.f. = 1.38、GFI = 0.91、RMSEA = 0.049、CFI = 0.97、TLI = 0.96）。また、AVE の値は0.53〜0.78、α 係数の値は0.75〜0.92、CR の値は0.69〜0.91であり、すべての構成概念が推奨値（AVE は0.50、α 係数と CR は0.70）以上の値であった。さらに、弁別妥当性を確認するために、HSV（highest shared variance）と AVE の値を比較した。その結果、すべての測定尺度について、AVE が HSV を上回った。以上の結果より、測定尺度の収束妥当性、信頼性、弁別妥当性が示唆されたと言える。

　次に、形成的尺度は、構成概念の全側面を包括的に測定する指標であるため、複数の質問項目によって一部の側面を重複して測定すると妥当性を損なってしまう（Diamantopulps and Winklhofer, 2001; Diamantopoulos, *et al.*, 2008）。それゆえ、質問項目間に共線性が見られるか否かを確認する必要がある。そこで、Noordhoff, *et al.*（2011）に倣って、境界システムを測定する質問項目のうちの1つを被説明変数に設定し、残りをすべて説明変数に設定した回帰モデルを最小二乗法（OLS）によって推計した。質問項目を3つ設定しているため、被説明変数を入れ替えながら、回帰分析を3回行った。分析の結果、分散拡大係数（VIF）の最大値は1.52という値を示し、10.00以下という既存研究において推奨される範囲内に収まった（e.g., Mason and Perreault, 1991）。したがって、測定尺度の質問項目間の共線性は重大な問題ではないことが示唆された。

4．分析結果

◉── 4-1　仮説のテスト

　分析結果は、**表5-4**に示すとおりであった[7]。Model 1〜Model 3はすべて、破壊的行動を被説明変数として設定したモデルである。Model 1は、統制変数のみを投入したモデルである。Model 2は、統制変数に加えて、交差項を除くすべての変数を投入したモデルである。そして、Model 3は、交差項を含むすべての変数を投入したモデルである[8]。

　自由度調整済決定係数に着目すると、モデル全体の説明力は、Model 1に比べてModel 2の方が大きく（それぞれ0.18、0.35）、その増分は統計的に有意であった（Δ0.17, $p < 0.01$）。したがって、境界システムと補償システムの主効果が、モデル全体の説明力を高めることに寄与していることが示唆された。続いて、モデル全体の説明力は、Model 2に比してModel 3の方が大きく（それぞれ0.35、0.40）、その増分は統計的に有意であった（Δ0.05, $p < 0.01$）。したがって、境界システムおよび補償システムという管理方策と対立学習能力の交互効果が、モデル全体の説明力を高めることに寄与していることが示唆された。

　そして、仮説の経験的なテストをするために交差項の係数に着目したい。Model 3において、境界システムと対立学習能力の交差項の係数は、負かつ有意であった（$\beta_4 = -0.15, p < 0.05$）。さらに、交互効果の下位検定として、焦点の変数の平均値±標準偏差の値を用いて単純傾斜分析を行った（Dawson, 2014）。その結果は、**図5-3**の左側のグラフに示すとおりであった。分析の結果、対立学習能力が低い時に、境界システムが破壊的行動に及ぼす影響は正かつ有意であった一方（$\beta = 0.23, p < 0.05$）、対立学習能力が高い時に、境界システムが破壊的行動に及ぼす影響は負かつ有意であった（$\beta = -0.19, p < 0.05$）。したがって、**仮説5**は支持された。

　また、Model 3において、補償システムと対立学習能力の交差項の係数も、負

表5-4	分析の結果（実証研究Ⅱ）		
係数：説明変数	Model 1	Model 2	Model 3
β_1：境界システム（BSY）		0.01　(0.08)	0.02　(0.23)
β_2：補償システム（CSY）		-0.45***(6.21)	-0.42***(6.07)
β_3：対立学習能力（CLC）		-0.13　(1.46)	-0.05　(0.60)
β_4：BSY×CLC			-0.15**(2.57)
β_5：CSY×CLC			-0.15***(3.17)
β_6：市場成長率	0.03　(1.00)	0.02　(1.04)	0.04*　(1.90)
β_7：コミュニケーション	-0.23**(2.03)	-0.16　(1.58)	-0.26**(2.51)
β_8：企業規模(log)	-0.03　(0.27)	-0.04　(0.36)	0.05　(0.44)
β_9：流通業者の有能性	0.31***(3.08)	0.29***(3.09)	0.30***(3.35)
β_{10}：業種ダミー（化学）	0.63　(1.36)	0.35　(0.84)	0.38　(0.94)
β_{11}：業種ダミー（機械）	-1.05**(2.20)	-0.95**(2.20)	-0.87**(2.08)
β_{12}：業種ダミー（電子機器）	-0.84*　(1.66)	-0.97**(2.10)	-0.90**(2.02)
β_0：定数項	4.39***(4.00)	4.30***(4.39)	4.01***(4.21)
決定係数(R^2)	0.22	0.30	0.44
自由度調整済決定係数(Adj R^2)	0.18	0.35	0.40
Adj R^2の増分	−	△0.17***	△0.05***
N	157	157	157

注：ただし、各セル内の左列は非標準回帰係数、右列（括弧内）はt値を示す。
　　***は1％水準、**は5％水準、*は10％水準で有意（仮説は片側検定、他は両側検定）。

かつ有意であった（$\beta_5 = -0.15, p < 0.01$）。さらに、先ほどと同様に、交互効果の下位検定として、焦点の変数の平均値±標準偏差の値を用いて単純傾斜分析を行った（Dawson, 2014）。その結果は、**図5-3**の右側のグラフに示すとおりであった。分析の結果、対立学習能力が低い時に、境界システムが破壊的行動に及ぼす影響（$\beta = -0.21, p < 0.05$）も、対立学習能力が高い時に、境界システムが破壊的行動に及ぼす影響（$\beta = -0.63, p < 0.01$）も、負かつ有意であったが、後者の影響の方がより大きかった。したがって、**仮説6**も支持された。

最後に、Model 3における統制変数の効果についても確認しておきたい。Model 3において、市場成長率の係数は、正かつ有意であった（$\beta_6 = 0.04, p < 0.10$）。すなわち、市場成長率が高いほど、新たな顧客が次々と生まれ、統合チャネルと独立チャネルで、そうした顧客をめぐって衝突し、ひいては、破壊的行動が生じやすいことが示唆された。コミュニケーションの係数は、負かつ有意であった（$\beta_7 = -0.26, p < 0.05$）。すなわち、チャネル・メンバーと、迅速かつ正確かつ定期的なコミュニケーションを採る製造業者は、破壊的行動を防ぐことがで

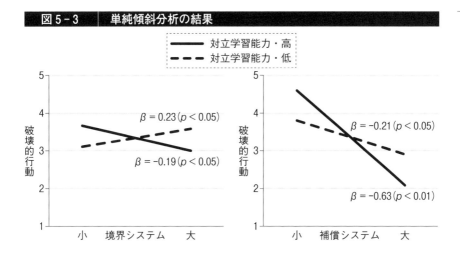

図5-3　単純傾斜分析の結果

きることが示唆された。流通業者の有能性の係数は、正かつ有意であった（β_9 = 0.30, $p < 0.01$）。すなわち、有能な流通業者は、自身の強大な能力を背景に、破壊的行動を採る傾向にあることが示唆された。最後に、機械と電子機器の業種ダミーは、負かつ有意であった。すなわち、機械業界と電子機器業界においては、金属業界に比して、破壊的行動が生じにくいことが示唆された。

◉── 4-2　追加分析

　前項においては、境界システムと補償システムの2つの管理方策が、破壊的行動という行動的成果に及ぼす影響を分析した結果を示した。既存研究も同様に、行動的成果を成果指標として用いてきたわけであるが、本研究も既存研究も、行動的成果の向上が、最終的には売上や利益のような経済的成果の向上につながることを念頭に置いている。本研究では、探索的ではあるが、行動的成果の向上が、経済的成果の向上につながることを経験的にテストするために、追加分析を行った。すなわち、境界システムと補償システムという2つの管理方策が、破壊的行動を抑制し、ひいては、チャネルシステム成果という経済的成果を高めるか否かを、追加的に分析した。より具体的には、2つの管理方策を独立変数として設定し、破壊的行動を媒介変数として設定し、そして、チャネルシステム成果を

表5-5　追加分析の結果（実証研究Ⅱ）

係数：説明変数	Model 3		Model 4		Model 5		Model 6	
β_1：境界システム（BSY）	0.02	(0.23)	0.01	(0.18)	0.03	(0.43)	0.02	(0.22)
β_2：補償システム（CSY）	-0.42***	(6.07)	0.05	(0.88)	-0.01	(0.12)	0.00	(0.33)
β_3：対立学習能力（CLC）	-0.05	(0.60)	0.03	(0.41)	0.00	(0.01)	0.03	(0.02)
β_4：BSY×CLC	-0.15**	(2.57)	0.06	(1.30)			0.04	(0.69)
β_5：CSY×CLC	-0.15***	(3.17)	-0.04	(2.04)			-0.06	(1.41)
β_6：市場成長率	0.04*	(1.90)	0.03	(1.30)	0.03	(1.38)	0.03	(1.56)
β_7：コミュニケーション	-0.26**	(2.51)	0.19*	(2.04)	0.17*	(1.95)	0.16**	(1.67)
β_8：企業規模（log）	0.05	(0.44)	-0.26***	(2.67)	-0.28***	(2.94)	-0.25***	(2.63)
β_9：流通業者の有能性	0.30***	(3.35)	0.14*	(1.73)	0.17*	(2.04)	0.17**	(2.13)
β_{10}：破壊的行動					-0.11**	(1.55)	-0.12**	(1.70)
β_{11}：業種ダミー（化学）	0.38	(0.94)	-0.39	(1.09)	-0.37	(1.03)	-0.34	(0.96)
β_{12}：業種ダミー（機械）	-0.87**	(2.08)	-0.06	(0.17)	-0.20	(0.54)	-0.17	(0.45)
β_{13}：業種ダミー（電子機器）	-0.90**	(2.02)	-0.01	(0.03)	-0.17	(0.42)	-0.12	(0.31)
β_0：定数項	4.01***	(4.21)	4.38***	(5.20)	4.97***	(5.57)	4.38***	(5.50)
決定係数（R^2）	0.40		0.17		0.17		0.19	
自由度調整済決定係数（Adj R^2）	0.35		0.11		0.11		0.12	
N	157		157		157		157	

注：ただし、各セル内の左列は標準回帰係数、右列（括弧内）はt値を示す。
　　***は1％水準、**は5％水準、*は10％水準で有意（仮説は片側検定、他は両側検定）。

従属変数として設定した媒介モデルの分析を行った。なお、チャネルシステム成果が高いということは、自社のチャネルシステムが首尾よく機能しており、企業業績の向上に貢献していることを意味する。

　まず、Baron and Kenny（1986）が推奨する方法を採用し、4つのモデルを分析した。分析結果は、**表5-5**に示すとおりであった。Model 3は、被説明変数として、破壊的行動を設定し、交差項を含むすべての変数を投入したモデルであり、**仮説5**および**仮説6**をテストするために分析した前掲のModel 3と同一のモデルである。Model 4～Model 6は、被説明変数として、チャネルシステム全体の成果を設定したモデルであり、Model 3において被説明変数として設定した破壊的行動は、説明変数として設定している。Model 4は、媒介変数である破壊的行動を除いたモデル、Model 5は、管理方策と対立学習能力の交差項を除いたモデル、Model 6は、すべての変数を投入したモデルである。

　Model 3において、境界システムの単項の係数は非有意であった一方（$\beta_1 =$

0.02, $p > 0.10$）、補償システムの単項の係数は負かつ有意であった（$\beta_2 = -0.42$, $p < 0.01$）。また、Model 3において、前項において先述したとおり、境界システムと対立学習能力の交差項の係数は、負かつ有意であり（$\beta_4 = -0.15$, $p < 0.05$）、補償システムと対立学習能力の交差項の係数も、負かつ有意であった（$\beta_5 = -0.15$, $p < 0.01$）。

　Model 4において、境界システムの単項の係数（$\beta_1 = 0.01$, $p > 0.10$）、および、補償システムの単項の係数（$\beta_2 = 0.05$, $p > 0.10$）は、非有意であった。すなわち、境界システムや補償システムが、チャネルシステム全体の成果に及ぼす直接効果は、見出されなかった。また、Model 4において、境界システムと対立学習能力の交差項の係数（$\beta_4 = 0.06$, $p > 0.10$）、および、補償システムと対立学習能力の交差項の係数（$\beta_5 = -0.04$, $p > 0.10$）も、非有意であった。すなわち、これらの変数がチャネルシステム成果に対して及ぼす直接効果も、見出されなかった。

　Model 5において、破壊的行動の係数は、負かつ有意であった（$\beta_{10} = -0.11$, $p < 0.05$）。すなわち、破壊的行動がチャネルシステム全体の成果に対して及ぼす直接効果が見出された。そして、Model 6においても、破壊的行動の係数は、負かつ有意であった（$\beta_{10} = -0.12$, $p < 0.05$）。

　以上の分析結果は、図5-4のように要約できる。分析の結果、境界システムの単項は、破壊的行動に影響を及ぼさず（cf. Model 3）、また、チャネルシステム全体の成果にも影響を及ぼさない（cf. Model 5）ことが示された。さらに、境界システムと対立学習能力の交差項は、破壊的行動には負の影響を及ぼす一方（cf. Model 3）、チャネルシステム全体の成果には影響を及ぼさない（cf. Model 6）ことが示された。境界システムとは異なり、補償システムの単項は、破壊的行動には負の影響を及ぼす一方（cf. Model 3）、チャネルシステム全体の成果には影響を及ぼさない（cf. Model 5）ことが示された。他方、補償システムと対立学習能力の交差項は、破壊的行動に負の影響を及ぼす一方（cf. Model 3）、チャネルシステム全体の成果には影響を及ぼさない（cf. Model 6）ことが示された。加えて、破壊的行動は、チャネルシステム全体の成果に影響を及ぼすということが示された（cf. Model 5および Model 6）。以上の結果から、境界システムと対立学習能力の交互効果、および、補償システムと対立学習能力の交互効果が、破壊的行動に負の影響を及ぼすことを通じて、チャネルシステム全体の成果に正の影響を

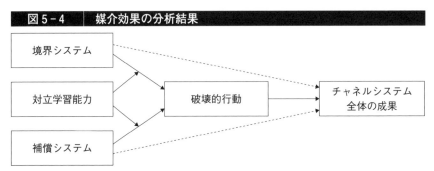

図5-4　媒介効果の分析結果

注：ただし、実線は有意、破線は非有意を表す。

及ぼすことが見出された。すなわち、境界システムと補償システムという管理方策の効果は、対立学習能力によって高められ、破壊的行動の低下を通じて、チャネルシステム全体の成果の向上につながるという、調整媒介効果が見出されたと結論づけられる。

5．考察

　前節においては、対立学習能力が、境界システムと補償システムの2つの管理方策の効果を促進するか否かについて実証分析を行った結果を示した。本節においては、そうした実証分析の結果について考察したい。

◉──5-1　境界システムの効果

　分析の結果、境界システムの主効果は、非有意であることが示された。この分析結果は、Sa Vinhas and Anderson（2005）による分析結果とは、相反している。Sa Vinhas and Anderson（2005）は、取扱製品を区分する境界システムおよび標的の顧客を区分する境界システムが、破壊的行動に負の影響を及ぼすことを見出していた。それに対して、本研究においては、なぜ、境界システムは破壊的行動に対して影響を及ぼさないという結果が見出されたのであろうか。注目する

図5-5	境界システムの主効果に関する考察

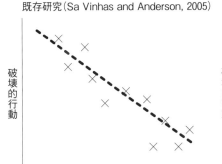

既存研究(Sa Vinhas and Anderson, 2005)

破壊的行動

境界システム

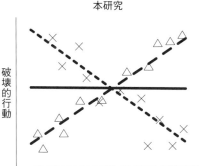

本研究

破壊的行動

境界システム

×…対立学習能力の高い製造業者
△…対立学習能力の低い製造業者

べきことに、Sa Vinhas and Anderson（2005）は、実証分析のためのデータ収集の対象として、世界的に卓越した大規模なリーディングカンパニー 11社を選定していた。こうした企業は、対立学習能力の高い企業であったと考えられる。そうであるならば、**図5-5**の左側のグラフに示すように、既存研究の知見は、じつは、対立学習能力の高い製造業者を前提としたうえで、境界システムが破壊的行動に負の影響を及ぼすことを見出したと考えられる。

　一方、本研究は、企業規模や組織能力の点において多様な企業からデータを収集しており、分析対象には、対立学習能力の高い企業も低い企業も含まれていた。実際、本調査の結果、対立学習能力の質問項目の平均値は4.85、その標準偏差は1.37であり、対立学習能力水準の高低において多様な企業が含まれていた。本研究は、こうした企業を分析対象として設定したため、**図5-5**の右側のグラフに示すとおり、対立学習能力が高い場合には、図中の点線で表されるように、境界システムは破壊的行動に負の影響を及ぼし、対立学習能力が低い場合には、図中の破線で表されるように、境界システムは破壊的行動に正の影響を及ぼし、そして、対立学習能力が中程度である場合には、図中の実線で表されるように、境界システムが破壊的行動に及ぼす影響は非有意であったと考えられる。本研究において、境界システムの主効果は非有意であったわけであるが、それは、対立学習能力が中程度である場合、すなわち、図中の実線に該当している。要約すると、

境界システムの主効果に関して、本研究と既存研究で相反する分析結果が見出された理由は、既存研究と本研究の間で分析に用いた企業の特性が異なっていたためであると考えられる。具体的には、既存研究が図らずも対立学習能力の高い企業のみを分析に用いていた可能性があるのに対して、本研究は、対立学習能力水準の高低において多様な企業を分析に用いていたためであると考えられる。

　以上の議論から示唆されるとおり、本研究の分析結果は、対立学習能力の高い製造業者のみ、境界システムの便益を享受できることを示している。逆に、対立学習能力の低い製造業者は、境界システムを設計・実行したとしても、破壊的行動を抑制するどころか、むしろ、それを引き起こしてしまう傾向にあることも示している。対立学習能力の低い製造業者は、チャネル・メンバーやチャネル対立の原因に関して、それほど知識を有しておらず、チャネル・メンバーから反感を買うような境界ルールを設計してしまう。そうすると、当然、チャネル・メンバーは、製造業者の政策に対して不満を抱き、対立水準を高めて、破壊的行動を起こしがちになると考えられる。

◉── 5-2　補償システムの効果

　前項において考察したように、分析の結果、境界システムは、製造業者の対立学習能力が高い場合のみ、破壊的行動を抑制することが見出された。それに対して、補償システムは、製造業者の対立学習能力の高低にかかわらず、破壊的行動を抑制することが見出された。このことが示唆しているのは、補償システムが、破壊的行動を抑制するための強力なメカニズムであるということである。境界システムと補償システムはいずれも、破壊的行動を防ぐことを目的としているものの、次の点において異なる。一方で、境界システムは、統合チャネルと独立チャネルが、同一顧客をめぐって衝突する状況を、取扱製品、標的顧客、あるいは、販売地域をチャネル間で区分することによって、"事前に"防ごうとする。他方で、補償システムは、同一顧客をめぐって衝突する状況が発生してしまった時に、チャネル・メンバーの努力に対して経済的な補償を与えることによって、"事後的に"対処しようとする。補償システムは、製造業者に対して経済的負担を課すものの、努力したチャネル・メンバーの利益を事後的に必ず補償するため、チャネ

ル・メンバーに対して不満を与えにくく、破壊的行動を引き起こしにくい。

　さらに、分析結果は、このように対立学習能力の高低にかかわらず、補償システムは、破壊的行動を抑制することができることを示したのに加えて、対立学習能力が高い場合、それが低い場合に比して、補償システムは、破壊的行動をより大きく抑制することができることも示した。こうした分析結果が示唆しているのは、対立学習能力の高い製造業者は、チャネル・メンバーやチャネル対立に関する知識を豊富に有するため、チャネル・メンバーのどのような努力に対して、どれだけの補償を与えるべきかについて、適切な判断を下すことができるということである。

◉──5-3　対立学習能力の効果

　分析の結果、対立学習能力の単項が破壊的行動に及ぼす影響は、非有意であった。すなわち、対立学習能力の主効果は見出されなかった。このことが示唆していることは、製造業者は、対立学習能力を有するだけでは、破壊的行動を抑制することはできないということである。確かに、対立を通じてチャネル・メンバーやチャネル対立に関する知識を蓄積する力が大きければ、それだけで、統合チャネルと独立チャネルの破壊的行動を抑制できると考えられる。しかしながら、本研究の分析結果は、製造業者は、対立学習能力を有しているだけではなく、それを有したうえで、境界システムと補償システムを実行することが、破壊的行動の抑制には必要不可欠であることを示していた。このことから、統合チャネルと独立チャネルの破壊的行動を抑制するという状況において、あくまでも、対立学習能力は、境界システムと補償システムの効果を高低させるような、補助的な役割を担っていると考えられる。

◉──5-4　破壊的行動の媒介効果

　既存研究は、境界システムや補償システムという管理方策が、破壊的行動という行動的成果に対して及ぼす影響を検討するのに留まっており、それらの管理方策が、チャネルシステム成果のような経済的成果に及ぼす影響については、経験

的に検討してこなかった。本研究の追加分析の結果、境界システムと対立学習能力の交互効果、および、補償システムと対立学習能力の交互効果は、破壊的行動に負の影響を及ぼすことを通じて、チャネルシステム全体の成果に対して正の影響を及ぼすことが見出された。すなわち、対立学習能力の高い製造業者は、境界システムや補償システムを実行すれば、破壊的行動が抑制され、自社のチャネルシステムが首尾よく機能し、ひいては、企業業績の向上に貢献することが示唆された。

　注目するべきことに、追加分析の結果、境界システムと対立学習能力の交互効果、および、補償システムと対立学習能力の交互効果が、チャネルシステム成果に及ぼす影響は見出されなかった。すなわち、対立学習能力の高い製造業者が、管理方策を策定・実行したとしても、チャネルシステム成果を、直接的に高めることはできないことが示唆された。この理由の1つとして、管理方策が、建設的な対立の低下を通じて、チャネルシステム成果に負の影響を及ぼすという、追加分析のモデルにおいては想定されていなかった因果関係の存在が考えられる。つまり、管理方策は、チャネルシステム成果に対して、破壊的行動の抑制を通じて正の影響を及ぼす一方、それと同時に、建設的な対立の抑制を通じて負の影響を及ぼしており、これらの正負の影響が互いの影響を相殺し合っていると考えられる。

［付記］
第5章：本章は、下記の既発表論文に加筆修正を施したものである。

Ryuta Ishii (2020), "Conflict Management in Dual Distribution Channel Systems: The Moderating Role of Learning Capabilities," *Journal of Asia Business Studies*, Vol.14, No.4, pp.525-540.

(1)本研究においては、Sa Vinhas and Anderson（2005）に従って、破壊的行動を成果指標として取り扱っている。しかしながら、チャネル対立に関する既存研究においては、例えば、チャネル対立の頻度と強度も、重要な成果指標として取り扱われてきた。チャネル対立の頻度と強度に対する効果を検討することは、今後の研究課題であると考えられる。
(2)調査は、慶應義塾学事振興資金（旧大学院高度化推進費）の補助を受けて行った。

(3) なお、273票のうちの2票は、督促状を発送した後、本調査専用のWebサイトを通して収集した。

(4) 早期回答協力者グループは、督促状を発送する以前に調査票を返却した回答協力者のグループであり、後期回答協力者グループは、督促状を発送した以後に調査票を返却した回答協力者のグループであった。

(5) 事前インタビューの対象者は、電子機器、化学、機械などの製造業に従事する合計11名の実務家であり、インタビュー調査は、1人あたり、約1時間から1時間半の時間を掛けて行った。これらの実務家には、実際に調査票のすべての質問に回答してもらいながら、回答することが困難な質問項目を指摘してもらった。そして、そうした指摘を参考にして、修正された質問項目を本調査において使用した。なお、これらの実務家は、本調査の対象からは除外した。

(6) 本研究は、既存研究との研究の連続性を重視して、破壊的行動の尺度として Sa Vinhas and Anderson (2005) が用いた質問項目を採用した。しかしながら、これらの質問項目は、破壊的行動というより、非協力行動を捉えていると考えられる。破壊的行動をより正確に捉えるのであれば、取引関係を停止する、情報共有を行わないなどの行動に関する質問項目を、破壊的測定の測定尺度として含める必要がある。加えて、本研究は、対立の指標として、破壊的行動のみを取り扱ったが、代表的な他の指標としては、対立の頻度と強度が挙げられる。これらを対立の指標として設定することも有意義であったと考えられる。以上の点は、実証研究Ⅱの限界点であり、同時に、今後の研究が取り組むべき課題の1つであると言える。

(7) 交差項を投入するのに際しては、変数を中心化した (Aiken and West, 1991)。

(8) これら Model 1 〜 Model 3 の分散拡大係数について、それぞれの最大値は、Model 1 において2.86、Model 2 において2.92、Model 3 において2.94であり、10.00という既存研究 (e.g., Mason and Perreault, 1991) が推奨する範囲内に収まったため、本研究において、多重共線性は重大な問題ではないということが示唆された。

第 6 章　**実証研究Ⅲ**
　　　　　─デュアル・チャネルと成果─

1．問題意識

　デュアル・チャネルに関する研究は、チャネル選択の研究領域、および、チャネル対立の研究領域において展開されてきた。一方のチャネル選択の領域において、既存研究は、企業がとりうるチャネル構造の選択肢の1つとして、デュアル・チャネルを考慮に入れて、デュアル・チャネル選択の規定要因を同定してきた（e.g., Dutta, *et al.*, 1995; Mols, 2000; Kabadayi, 2008, 2011; Takata, 2019）。他方のチャネル対立の領域において、既存研究は、デュアル・チャネル採用企業が直面するチャネル対立に焦点を合わせて、デュアル・チャネルが対立を引き起こす原因を探究したり、対立を抑制するための管理方策を同定したりしてきた（e.g., Moriarty and Moran, 1990; Sa Vinhas and Anderson, 2005, 2008）。

　これらの研究は、デュアル・チャネルに関する研究の前進に大きな貢献を成してきたものの、次の問いを未探究のまま残してしまっている。それは、チャネル成果に対して、デュアル・チャネルがいかなる影響を及ぼすのかという問いである。マーケティング・チャネル研究において、特に協調関係論が登場してからは、チャネル戦略における究極的な目標の1つは、売手企業と買手企業のダイアド関係において高い成果を創造することであると考えられてきた（Heide, 1994; Watson, *et al.*, 2015）。それゆえ、マーケティング・チャネル研究の中には、チャ

ネル成果に焦点を合わせた研究が数多く存在し、チャネル成果の規定要因を探究する試みが盛んに行われてきた（e.g., Morgan and Hunt, 1994; Lusch and Brown, 1996; Jap, 1999; Prior, 2012）。このように、マーケティング・チャネル研究が長らくの間、チャネル成果を重要視しており、実際、数多くの研究がチャネル成果の規定要因を探究してきたことを考慮すると、デュアル・チャネルがチャネル成果に対していかなる影響を及ぼすのかという問いに取り組むことは、デュアル・チャネル研究の前進にとって必要不可欠な試みであると考えられる。

そこで、本研究においては、デュアル・チャネルがチャネル成果に及ぼす影響を探究する。チャネル成果を検討するのに際して、注目に値するアプローチは、関係論（Dyer and Singh, 1998）である。チャネル成果に関する既存研究を丹念にレビューした Palmatier, et al. (2007) は、関係論を、既存のアプローチを統合しうる包括的な分析枠組として位置づけている。実際、数多くのチャネル研究が、関係論を用いてチャネル成果を検討することに成功してきた（e.g., Jap, 1999; Corsten and Kumar, 2005; Prior, 2012; Skarmeas, et al., 2016）。本章では関係論に依拠して、関係特殊資産、知識共有ルーティン、および、補完的資源という 3 つの企業間資源を、チャネル成果を規定する基本的な要因として位置づける。そのうえで、デュアル・チャネルが、これらの企業間資源の効果を高めることを通じて、チャネル成果に対して間接的に正の影響を及ぼすということを理論的・経験的に吟味する。換言すると、企業間資源とチャネル成果の因果関係に対して、デュアル・チャネルが調整効果の役割を果たすということを吟味する。そうすることによって、本章では、チャネル成果という研究領域において、デュアル・チャネルに関する研究を新たに展開し、デュアル・チャネルに関する理解の進展に貢献しようと試みる。

本章は、次のように構成される。続く第 2 節「仮説提唱」において、既存研究の問題を解消するための概念モデルを構築し、仮説を提唱する。第 3 節「調査方法」において、調査対象や調査手続きに加えて、収集されたデータの妥当性を確認するための手続き（例えば、情報提供者の確認、無回答バイアスの検定、コモンメソッドバイアスの確認）について記述する。第 4 節「分析結果」において、データの分析方法を検討した後、実証分析を行った結果を示す。最後に第 5 節「考察」において、分析結果について議論し、得られた研究知見を提示する。

2．仮説提唱

◉── 2-1　概念モデルの構築

　概念モデルの構築に際して、基礎になるのは、先述した4つの企業間資源が
チャネル成果に正の影響を及ぼすという「基本モデル」である。しかしながら、
本研究は、第3章における議論を踏まえてそれら4つの企業間資源がチャネル
成果に正の影響を及ぼすという基本モデルに修正を加えて、4つの企業間資源
のうちの効果的統御は、他の3つの企業間資源を通してチャネル成果を高める
という調整効果の役割を有する要因として位置づける。それゆえ、関係論の「修
正基本モデル」は、関係特殊資産、知識共有ルーティン、および、補完的資源と
いう3つの要因がチャネル成果に直接的な正の影響を及ぼし、さらに、効果的
統御が、そうした正の影響を促進することによって、間接的に正の影響を及ぼす
ことを描写したモデルである。修正基本モデルにおいて、効果的統御は、企業間
資源を活用する要因としての役割を担っていると言える。この修正基本モデルに
依拠して、本研究においては、デュアル・チャネルというチャネル構造を、関係
特殊資産、知識共有ルーティン、および、補完的資源という3つの要因を通じ
てチャネル成果を高める役割を有する要因として位置づけたい。すなわち、効果
的統御のみならず、デュアル・チャネルというチャネル構造もまた、企業間資源
を活用する要因（VRIOの枠組における「O」の要因）として位置づけられると主
張する。

　以上の議論を踏まえて、**図6-1**に示すような概念モデルを構築する。なお、
効果的統御について、既存研究においては多様な統御形態が取り扱われてきたが、
本研究では、その中でもとりわけ重要視されているコミットメントを取り扱う。
次項以降においては、関係特殊資産、知識共有ルーティン、および、補完的資源
という3つの要因がチャネル成果に及ぼす影響を、コミットメントという効果
的統御およびデュアル・チャネルというチャネル構造が調整するという仮説を提

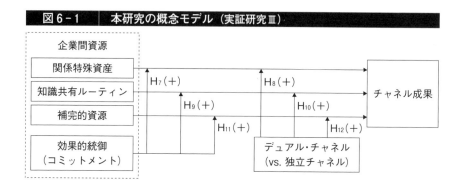

図6-1 本研究の概念モデル（実証研究Ⅲ）

唱する。

◉── 2-2 関係特殊資産に関する仮説

先述のとおり、関係論によると、関係レントを獲得するためには、その1つとして関係特殊資産が重要である。関係特殊資産とは、提携先の企業との取引関係に特定的で、他の取引に用いられると価値が低下してしまう資産のことである（Williamson, 1985）。Dyer and Singh（1998）によると、企業は、関係特殊資産に投資を行うと、調整費用の低下、垂直的連鎖全体における費用の低下、製品の差別化、欠陥品数の減少、および、製品開発の迅速化を実現できるため、関係レントを獲得できる。また、関係論に依拠した実証研究によって、関係特殊資産がチャネル成果に正の影響を及ぼすという因果関係が経験的に見出されている（e.g., Jap, 1999; Corsten and Kumar, 2005）。

こうした因果関係は、売手企業と買手企業の間にコミットメントが形成されていると、強くなる。コミットメントとは、チャネル関係を継続する必要性と欲求のことを指す（Kim and Frazier, 1997）。売手企業や買手企業のコミットメントが高い場合、両企業は、取引相手から利益を搾取し関係性を破壊するような行動を避けようとする一方、取引相手の目標を考慮に入れつつ、関係特殊資産を用いて互いの利益を増大しようとする。それに対して、売手企業や買手企業のコミットメントが低い場合、両企業は、関係特殊資産を利用して取引相手から利益を騙し取るという機会主義的行動に従事し、チャネル成果を低めてしまうかもしれない。

以上より、コミットメントが高い場合、そうでない場合に比して、関係特殊資産がチャネル成果に及ぼす影響は大きいと考えられる。

さらに、関係特殊資産がチャネル成果に及ぼす正の影響は、デュアル・チャネルというチャネル構造の存在によっても、強くなる。デュアル・チャネルに関する既存研究は、独立チャネルに加えて統合チャネルを併用することによって、外部の流通業者の行動・成果を正しく評価するための知識を、統合チャネルから得られることを示唆してきた（e.g., Dutta, *et al.*, 1995; Kabadayi, 2011）。そうした知識とは、例えば、流通活動に関する利益構造、流通活動に必要なノウハウ、顧客のニーズ、あるいは、顧客に対する効果的な販売方法など、流通活動を通じてのみ得ることのできる知識である（e.g., Frazier, Maltz, Antia, and Rindfleisch, 2009; Liu, Li, and Xue, 2010）。そうした知識を豊富に有している製造業者は、自社製品を販売する際に必要な情報やノウハウを、外部の流通業者に対して正確に伝達できる。すなわち、製造業者は、流通活動を通じてのみ得ることのできる知識を獲得することによって、自社製品の販売に関する情報やノウハウといった関係特殊資産から得られる便益を強化できる。以上の議論より、次の仮説を提唱する[1]。

> **仮説7　コミットメントは、関係特殊資産がチャネル成果に及ぼす正の影響を促進する。**

> **仮説8　デュアル・チャネルは、関係特殊資産がチャネル成果に及ぼす正の影響を促進する。**

◉──2-3　知識共有ルーティンに関する仮説

先述のとおり、関係論によると、関係レントを獲得するためには、その1つとして知識共有ルーティンが重要である。知識共有ルーティンとは、「専門化した知識の移転、再結合、および、創造を可能にする企業間の定期的な相互作用のパターン」（Dyer and Singh, 1998, p. 665）のことである。Dyer and Singh（1998）によると、企業は、提携先企業と定期的に知識を共有すると、企業成果を向上させるような新たなアイディアや情報を絶え間なく入手することができる

ため、関係レントを獲得できる。また、関係論に依拠した既存研究によって、知識共有ルーティンがチャネル成果に正の影響を及ぼすという因果関係が経験的に見出されている（e.g., Skarmeas, *et al.*, 2016）。

　こうした因果関係は、売手企業と買手企業の間にコミットメントが形成されていると、強くなる。前項において議論したように、売手企業や買手企業のコミットメントが高い場合、両企業は、取引相手の目標を考慮に入れつつ、互いの利益を増大しようとする。この場合、互いに共有し合った知識や情報を、互いの利益を増大するべく、新製品・新サービスの開発や、顧客に対する対応行動に積極的に活用しようとする。それに対して、売手企業や買手企業のコミットメントが低い場合、両企業は、知識や情報を共有したとしても、それを互いの利益や戦略に活かそうとはしない。以上より、コミットメントが高い場合、そうでない場合に比して、知識共有ルーティンがチャネル成果に及ぼす影響は大きいと考えられる。

　さらに、関係特殊資産がチャネル成果に及ぼす正の影響は、デュアル・チャネルというチャネル構造の存在によっても、強くなるであろう。2-2項において議論したように、デュアル・チャネルというチャネル構造を選択することによって、製造業者は、流通活動を通じてのみ得ることのできる知識を獲得できる（e.g., Frazier, *et al.*, 2009; Liu, *et al.*, 2010）。そうした知識は、外部の流通業者と知識共有を行うのに際して、事前知識としての役割を果たすことができる。既存研究によると、高水準な事前知識を有しているほど、当該企業は、それに関連した新たな知識を効率よく吸収することができる（Cohen and Levinthal, 1990）。要約すると、製造業者は、デュアル・チャネルというチャネル構造を選択することによって、知識共有のための事前知識を獲得し、効率よく知識を吸収することができるようになる。これはすなわち、デュアル・チャネルが、知識共有ルーティンの効果を高めていることを意味する。以上の議論より、次の仮説を提唱する。

仮説9　コミットメントは、知識共有ルーティンがチャネル成果に及ぼす正の影響を促進する。

仮説10　デュアル・チャネルは、知識共有ルーティンがチャネル成果に及ぼす正の影響を促進する。

◉── 2-4　補完的資源に関する仮説

　先述のとおり、関係論によると、関係レントを獲得するためには、その1つ
として補完的資源が重要である。補完的資源は、「合わせると、それぞれの企業
の個々の資産の総和以上の利益を生み出す、提携先に特有の資源」（Dyer and
Singh, 1998, p. 666）のことである。Dyer and Singh（1998）によると、企業は、
自社と他社の補完的な資源を組み合わせると、相乗効果を生み出すことができる
ため、関係レントを獲得できる。また、関係論に依拠した既存研究によって、補
完的資源がチャネル成果に正の影響を及ぼすという因果関係が経験的に見出され
ている（e.g., Jap, 1999; Skarmeas, et al., 2016）。

　こうした因果関係は、売手企業と買手企業の間にコミットメントが形成されて
いると、強くなる。2-2項において議論したように、売手企業や買手企業のコ
ミットメントが高い場合、両企業は、取引相手の目標を考慮に入れつつ、互いの
利益を増大しようとする。この場合、両企業は、互いに有する資源を丹念に評価
し、さらには、長期的な目線に立ったうえで組み合わせるべき資源を見極める。
それに対して、売手企業や買手企業のコミットメントが低い場合、両企業は、補
完的な資源をあまり有効的に活用しようとはしない。以上より、コミットメント
が高い場合、そうでない場合に比して、関係特殊資産がチャネル成果に及ぼす影
響は大きいと考えられる。

　さらに、関係特殊資産がチャネル成果に及ぼす正の影響は、デュアル・チャネ
ルというチャネル構造の存在によっても、強くなる。2-2項において議論した
ように、デュアル・チャネルというチャネル構造を選択することによって、製造
業者は、流通活動を通じてのみ得ることのできる知識を獲得できる（e.g.,
Frazier, et al., 2009; Liu, et al., 2010）。そうした高水準の知識を有している製造業
者は、自社のいかなる資源と外部の流通業者のいかなる資源を結合すれば、相乗
効果が発揮されうるのかを見極める能力が高いと考えられる。関係論によると、
結合した資源が生み出す潜在的な価値を認識し、そうした資源を提携先の企業の
中に見つける能力が高いほど、企業が補完的資源を通してチャネル成果を創造す
ることのできる可能性は高い（Dyer and Singh, 1998）。要約すると、製造業者は、

デュアル・チャネルというチャネル構造を選択することによって、流通業者が有する資源の潜在的な結合価値を正確に評価する能力を高め、高価値な補完的資源の形成を実現することができる。以上の議論より、次の仮説を提唱する。

仮説11　コミットメントは、補完的資源がチャネル成果に及ぼす正の影響を促進する。

仮説12　デュアル・チャネルは、補完的資源がチャネル成果に及ぼす正の影響を促進する。

3．調査方法

◉── 3-1　データの収集

　調査は、2013年11月に行った。調査対象は、国内市場に向けて生産財を生産している日本の製造業者である。標本抽出枠は、「組織図・系統図便覧2011［全上場会社版］」（ダイヤモンド社）に記載されている多様な業種に属する東証一部上場企業全726社のリストであった。この中から、持株会社（HD企業）を除外した。除外されなかった企業については、「組織図・系統図便覧2011［全上場会社版］」および各企業のWebサイトを参照しながら、送付先を選定した。ただし、（1）事業部制ないしカンパニー制を採用している企業については、各事業部ないしカンパニーを送付先として選定し、（2）それ以外の企業については、チャネル戦略の意思決定を担っている部門を送付先として選定した。なお、チャネル戦略に関する意思決定にはさまざまな部門に属する人間がかかわっている可能性があるわけであるが、本研究は、生産財企業に対する事前インタビューに基づいて、生産財のチャネル戦略に関する意思決定の大部分を、典型的には、営業部門やマーケティング部門（ないし、同機能を有する企画部門）が担っているというこ

表6-1		サンプルの特徴（実証研究Ⅲ）					

業種※		売上高（十億円）			統合チャネルの売上比率（%）		
機械	26.8%		～	50 14.5%	0 ～	10	23.9%
電子機器	24.6%	50 ～	100	12.3%	11 ～	30	22.5%
化学	18.8%	100 ～	250	19.6%	31 ～	70	20.3%
金属	15.9%	250 ～	500	21.0%	71 ～	90	9.4%
その他	13.8%	500 ～	1,000	20.3%	91 ～	100	23.9%
		1,000 ～		12.3%			

企業勤続年数（年）		部門勤続年数（年）			肩書※	
～ 10	16.7%	～	3	23.4%	社長、常務、本部長	6.5%
10 ～ 20	18.1%	3 ～	10	27.0%	部長	34.8%
20 ～ 25	24.6%	10 ～	15	8.8%	次長、課長	38.4%
25 ～ 30	19.6%	15 ～	20	13.1%	係長、主任	13.0%
30 ～ 40	15.2%	20 ～	25	15.3%	その他	7.2%
40 ～	5.8%	25 ～		12.4%		

注：※…各項目の数字を端数処理しているため、構成比の合計値は100.0%にはならない。

とを確認した。そこで、本調査においては、こうした部門を送付先として選定した。以上の手続きを踏まえて、516社1,115事業部を調査対象として選定した。

これら1,115事業部に、カバーレター、調査票、および、料金後納の返信用封筒を含む封筒を郵送した。カバーレターと調査票には、次の3点を明記した。すなわち、（1）本調査の目的は学術研究であり、回答内容は外部に漏洩しないこと、（2）流通・販売に従事した経験のある人物に回答を依頼していること、および、（3）（本調査への協力を動機づけるために）氏名と連絡先を記入した回答協力者には後に本調査の結果レポートを送付すること、である。調査票を発送してから3週間後に、調査票の返送を促すための督促状を発送した。また、調査票を紛失した回答候補者には、督促状に記載されたURLから、本調査専用のWebサイトにアクセスして、本調査と同一の質問に回答するよう求めた。

回収した調査票は204票であり、回収率は18.3%であった[2]。204票のうち、66票は、（1）回答拒否として返送された、（2）消費財について回答していた、あるいは、（3）欠損値を含んでいたため、分析に用いることができないと判断した。これらを除いた有効票は138票（有効回答率は12.4%）であった[3]。これら138事業部の特徴は、表6-1に示すとおりであった。

◉──3-2　情報提供者の確認

　第4章・第5章と同様の手続きで、キーインフォーマントチェックを事後的に行った。その結果、回答協力者の知識水準の平均値は5.21（標準偏差は1.14）、経験水準の平均値は5.13（標準偏差は1.72）であった。また、**表6-1**に示すとおり、企業における勤続年数の平均値は21.0年（標準偏差は9.6）、事業部（部門）における勤続年数の平均値は12.2年（標準偏差は9.8）であり、大半の回答協力者が常務、部長、次長、あるいは、課長などの上級職に就いていた。こうした情報提供者の知識・経験水準は、既存研究と比べて満足いく値を示している（e.g., Kabadayi, *et al.*, 2007; Fürst, *et al.*, 2017）。以上より、本調査の回答協力者は、自社の流通・販売に関する知識と経験を充分有しているため、適切な情報提供者としての資質を具えていると判断することができる。

◉──3-3　無回答バイアスの検定

　第4章・第5章と同様に、無回答バイアスについて、2つの方法を用いて検定を行った。まず、多変量分散分析（MANOVA）を用いて、早期回答協力者グループ（$N = 89$）と、後期回答協力者グループ（$N = 49$）の平均値を比較した[4]。その結果、両グループ間に有意な差は確認されなかった（Wilks' Lambda $= 0.93$, $p = 0.50$）。次に、調査票が発送された1,000事業部のうち、調査票を返却した事業部のグループ（$N = 204$）の年間売上高と、返却しなかった事業部のグループ（$N = 911$）の年間売上高を比較した。t検定の結果、両者の間に有意な差は確認されなかった（$t = 0.43$, $p = 0.67$）。以上の分析結果は、本調査において、無回答バイアスが重大な問題ではないことを示唆している。

◉──3-4　コモンメソッドバイアスの確認

　本研究の調査においては、単一の情報提供者による一時点の情報を収集するため、コモンメソッドバイアスが生じてしまう恐れがある。第4章・第5章と同

様に、その対処法を実施するべく、調査設計の段階において、質問項目の内容と配置を工夫し、加えて、回答者の機密性を確保した。さらに、データの収集後、コモンメソッドバイアスについて2つの方法を用いて検定を行った。まず、Harman の単一因子検定を行うために、回転なしの探索的因子分析を行った。分析の結果、固有値が1以上の因子が5つ抽出され、かつ、第1因子によって説明できる分散は、22.5%という低い値に留まった。次に、MV（marker-variable）法による検定を行った。MV として用いたのは、「最終顧客市場において、貴社の価格設定は、同様の製品を販売している競合他社に比べて低い」の質問項目によって測定される、低価格戦略という変数であった。MV を統制した偏相関係数と、統制していない相関係数を比較した結果、両者の間で係数や有意性はほとんど変わらなかった。以上の分析結果は、本研究において、コモンメソッドバイアスが重大な問題ではないことを示唆している。

◉── 3-5　測定方法

　本研究において用いられる被説明変数、説明変数、および、統制変数の具体的な質問項目は**表6-2**に、記述統計量および相関係数は**表6-3**に示すとおりであった。すべての質問項目は、既存研究を基に作成し、その後、実務家に対する事前インタビューを踏まえて修正した[5]。

　調査票の質問に回答してもらう際には、各企業ないし事業部の主力製品を1つ想定して、その主力製品の販売経路（ないし商流）や、その主力製品を取り扱う主要な卸売業者1社との関係性について回答してもらった。

■被説明変数

　被説明変数である「チャネル成果」は、焦点の製造業者と卸売業者の協調関係によって生み出される競争優位の程度のことである[6]。この概念を測定するために、Jap（1999）が用いた4つの質問項目を採用した。この質問項目には、5点リカート尺度（5：非常にそう思う〜1：全くそう思わない）を採用した。

表6-2 | 構成概念と質問項目（実証研究Ⅲ）

構成概念と質問項目	FL
チャネル成果（cf. Jap, 1999） 〈5：非常にそう思う〜1：全くそう思わない〉［α = 0.70, CR = 0.73, AVE = 0.42］	
a. 貴社と卸売業者の、競合他社に対する戦略的な優位性は高い。	0.56
b. 貴社と卸売業者の関係からは、戦略的な優位性は、生まれにくい。（R）	0.55
c. 貴社と卸売業者の関係は、市場で有利に競争するための強みである。	0.56
d. 貴社と卸売業者の関係から、戦略的に重要な結果は、生じにくい。（R）	0.86
関係特殊資産（cf. 髙田, 2013） 〈7：非常にそう思う〜1：全くそう思わない〉［α = 0.78, CR = 0.82, AVE = 0.62］	
a. 貴社は、販売員に高度なトレーニングを提供している。	0.89
b. 貴社は、販売員のトレーニングや教育に多くの時間を費やしている。	0.91
c. 主力製品の販売には、長い販売経験が必要である。	0.49
知識共有ルーティン（cf. Dyer and Singh, 1998） 〈7：非常にそう思う〜1：全くそう思わない〉［α = 0.87, CR = 0.86, AVE = 0.61］	
a. 貴社と卸売業者は、それぞれの専門的な知識を、頻繁に交換し合っている。	0.75
b. 貴社と卸売業者で、情報を交換し合う場が、定期的に設けられている。	0.82
c. 貴社と卸売業者は、定期的に、相手の利益となるような情報を報告し合っている。	0.81
d. 貴社と卸売業者は、定期的な情報の交換に、多くの時間を費やしている。	0.75
補完的資源（cf. Jap, 1999） 〈7：非常にそう思う〜1：全くそう思わない〉［α = 0.84, CR = 0.85, AVE = 0.59］	
a. 貴社と卸売業者は、製品を販売するために、異なる組織能力を発揮している。	0.74
b. 貴社と卸売業者は、両社に役立つような、補完的な強みをもっている。	0.87
c. 貴社と卸売業者は、異なる組織能力を組み合わせることによって、単独では達成できないような目標を達成している。	0.77
d. 貴社と卸売業者は、相互にとって有益な、経営資源をもっている。	0.68
コミットメント（cf. Kim and Frazier, 1997） 〈7：非常にそう思う〜1：全くそう思わない〉［α = 0.91, CR = 0.88, AVE = 0.65］	
a. 貴社と卸売業者の関係性は、両社にとって重要である。	0.88
b. 貴社と卸売業者は、関係性を、ずっと持続したいと考えている。	0.93

注：ただし、最右列には、因子負荷量（FL: Factor Loadings）を記載している。また、（R）は逆転項目を表す。

表6-3	記述統計量と相関係数（実証研究Ⅲ）							
	1	2	3	4	5	6	7	8
1．デュアル・チャネルダミー	—							
2．チャネル成果	-0.08	—						
3．関係特殊資産	-0.05	0.31*	—					
4．知識共有ルーティン	0.01	0.43*	0.33*	—				
5．補完的資源	-0.13	0.47*	0.08	0.54*	—			
6．コミットメント	-0.16	0.59*	0.17	0.49*	0.50*	—		
7．企業規模（log）	-0.02	0.08	0.23*	0.37*	0.19	0.07	—	
8．取引期間（log）	-0.17	0.15	0.20*	0.17	0.15	0.08	0.32*	—
平均値	0.76	3.24	4.61	5.10	4.90	5.92	5.51	3.30
標準偏差	0.43	0.66	1.18	1.06	1.04	0.86	1.54	0.78
最大値	1.00	4.50	7.00	7.00	7.00	7.00	10.85	6.46
最小値	0.00	1.50	1.00	2.00	2.00	2.00	1.39	1.10

注：ただし、*は5％水準で有意。

■説明変数

「関係特殊資産」は、製品を販売するのに独自のスキル・知識が必要である程度のことである。この概念を測定するために、高田（2013）が用いた3つの質問項目を採用した。「知識共有ルーティン」は、「自社製品、最終顧客のニーズ、および、競合他社の動向に関する知識・情報を定期的に交換している程度」と操作的に定義した。この概念を測定するために、Dyer and Singh（1998）による知識共有ルーティンの定義を参考にして4つの質問項目を作成した。「補完的資源」は、「売手企業と買手企業の間で、互いの機能を補完するような経営資源や組織能力を互いに有している程度」と操作的に定義した。この概念を測定するために、Jap（1999）が用いた3つの質問項目を採用し、さらに、1つの質問項目を作成して、合計で4つの質問項目を用いた。

調整変数として用いられる効果的統御たる「コミットメント」は、「取引関係が自社にとって重要で、それを継続したいと知覚している程度」と操作的に定義した。この概念を測定するために、Kim and Frazier（1997）を参考にして3つの質問項目を作成した。ただし、3つの質問項目のうち、1つの質問項目は、他の2つの質問項目と著しく相関が低かったため、分析から除外した。これらの質問項目には、7点リカート尺度（7：非常にそう思う～1：全くそう思わない）

を採用した。同じく調整変数として用いられる「デュアル・チャネルダミー」は、次のように作成した。まず、回答協力者には、統合チャネルと独立チャネルによる主力製品の売上比率を回答してもらった。ただし、統合チャネルとは、自社営業部隊ないし半数以上の資本（株式）を有する系列子会社と定義し、独立チャネルとは、独立した商社ないし販売代理店と定義した。そして、統合チャネルと独立チャネルによる主力製品の売上比率に関する回答に基づいて、まず、統合チャネルの売上比率が95％以上の27サンプルは、統合チャネルのみを用いている企業と見なして分析から除外した。その後、統合チャネルと独立チャネルのうち、一方のチャネルによる売上比率が5％より大きく95％より小さい企業（例えば、統合チャネルが60％、独立チャネルが40％の企業）は、デュアル・チャネル企業として1をとり、そうでない企業（例えば、統合チャネルが5％、独立チャネルが95％の企業）は、シングル・チャネル企業として0をとるダミー変数を作成した。結果として、111のサンプルのうち、デュアル・チャネル企業に分類されたのは91であり、シングル・チャネル企業に分類されたのは20であった[7]。なお、各企業を、デュアル・チャネル企業とシングル・チャネル企業に分けるために本研究で採用した5％という基準値は、Sa Vinhas and Anderson（2005）に準じている。

■統制変数

　被説明変数に影響を及ぼしうる他の要因も、統制変数として考慮した。第1に、企業規模を統制するために、事業部の「従業員数」を統制変数として設定した。第2に、製造業者と流通業者の取引期間を統制するために、製造業者と流通業者の「取引年数」を統制変数として設定した。なお、分散を最小化するために、従業員数と取引年数については自然対数をとった。第3に、製造業者によるデュアル・チャネルの採用を統制するために、「デュアル・チャネルダミー」を単項で統制変数として設定した。第4に、業種間格差を統制するために、業種ダミーを統制変数として設定した。なお、分析に用いるサンプルが属する業種は、5種類（機械、電子機器、化学、金属、および、その他）であったため、その他を基準として4つのダミー変数を作成した。

◉── 3-6　測定方法の妥当性

複数の質問項目で測定された概念について、反映的尺度の妥当性を確認するために、各構成概念の質問項目をすべて含めた測定モデルについて、最尤法を用いた確認的因子分析を行った。その結果、モデルの全体的な適合度は、満足いく値を示した（$\chi^2 = 234.49$ [d.f. $= 109$、p < 0.01]、$\chi^2 / $ d.f. $= 2.15$、GFI $= 0.88$、CFI $= 0.89$、RMSEA $= 0.092$、TLI $= 0.86$）。また、AVE の値は0.42〜0.65であり、チャネル成果の測定尺度のみは、推奨される0.50以上の値を示さなかった。この点は、今後の課題である。一方、a 係数の値は0.70〜0.91、CR の値は0.73〜0.88であり、すべての構成概念が0.70という推奨値以上の値であった。さらに、弁別妥当性を確認するために、HSV（highest shared variance）と AVE の値を比較した。その結果、すべての測定尺度について、AVE が HSV を上回った。以上の結果より、概ね、測定尺度の収束妥当性、信頼性、弁別妥当性が示唆されたと言える。

4. 分析結果

分析結果は、**表6-4**に示すとおりであった[8]。Model 1は、統制変数のみを投入したモデルである。Model 2は、統制変数に加えて、関係論の4つの決定要因を投入したモデルである。Model 3は、4つの決定要因のうち、効果的統御たるコミットメントと、他の要因との交差項を投入したモデルである。そして最後に、Model 4は、コミットメントの代わりに、デュアル・チャネルダミーを投入したモデルである。これら Model 1〜Model 4の分散拡大係数について、それぞれの最大値は、Model 1において2.87、Model 2において3.12、Model 3において3.25、Model 4において3.18であり、10.00という既存研究（e.g., Mason and Perreault, 1991）が推奨する範囲内に収まったため、本研究において、多重共線性は重大な問題ではないことが示唆された。

表6-4	分析の結果（実証研究Ⅲ）			
係数：説明変数	Model 1	Model 2	Model 3	Model 4
β_1：関係特殊資産（RSI）		0.19** (0.08)	0.14 (0.08)	0.20** (0.08)
β_2：知識共有ルーティン（KSH）		0.07 (0.11)	0.06 (0.11)	0.00 (0.10)
β_3：補完的資源（CPR）		0.22** (0.10)	0.15** (0.10)	0.19** (0.09)
β_4：コミットメント（CMT）		0.41*** (0.10)	0.37*** (0.11)	0.45*** (0.09)
β_5：RSI×CMT			0.21** (0.09)	
β_6：KSH×CMT			-0.06 (0.09)	
β_7：CPR×CMT			-0.15 (0.11)	
β_8：RSI×DD				0.19** (0.08)
β_9：KSH×DD				-0.32*** (0.09)
β_{10}：CPR×DD				0.16** (0.09)
β_{11}：デュアル・チャネルダミー（DD）	-0.10 (0.10)	0.00 (0.08)	-0.01 (0.08)	-0.03 (0.08)
β_{12}：企業規模（log）	0.07 (0.11)	-0.09 (0.09)	-0.09 (0.09)	-0.11 (0.09)
β_{13}：取引期間（log）	0.16 (0.11)	0.10 (0.08)	0.12 (0.08)	0.10 (0.08)
β_{14}：業種ダミー（機械）	0.39** (0.16)	0.15 (0.13)	0.19 (0.13)	0.09 (0.12)
β_{15}：業種ダミー（電子機器）	0.14 (0.15)	-0.05 (0.12)	-0.05 (0.12)	-0.04 (0.12)
β_{16}：業種ダミー（化学）	0.18 (0.15)	-0.04 (0.12)	-0.01 (0.12)	-0.04 (0.11)
β_{17}：業種ダミー（金属）	0.15 (0.14)	-0.04 (0.11)	-0.05 (0.11)	-0.08 (0.11)
β_0：定数項	0.00 (0.10)	0.00 (0.07)	0.07 (0.08)	0.03 (0.07)
決定係数（R^2）	0.10	0.48	0.51	0.56
自由度調整済決定係数（Adj R^2）	0.03	0.42	0.44	0.49
Adj R^2の増分	—	Δ0.39***	Δ0.02*	Δ0.07***
N	111	111	111	111

注：ただし、各セル内の左列は標準回帰係数、右列（括弧内）は標準誤差を示す。
　　***は1%水準、**は5%水準、*は10%水準で有意（仮説は片側検定、他は両側検定）。

　自由度調整済決定係数に着目すると、モデル全体の説明力は、Model 1に比べて Model 2の方が大きく（それぞれ0.03、0.42）、その増分は統計的に有意であった（Δ0.39, $p < 0.01$）。したがって、関係論の4つの決定要因が、チャネル成果を従属変数として設定したモデル全体の説明力を高めることに寄与していることが示唆された。さらに続いて、モデル全体の説明力は、Model 2に比してModel 3の方が大きく（それぞれ0.42、0.44）、その増分は統計的に有意であった（Δ0.02, $p < 0.10$）。したがって、関係論の4つの決定要因のうちの効果的統御を、他の3つの要因を活用する要因として位置づけることが妥当であることが示唆された。そして最後に、モデル全体の説明力は、Model 2に比してModel 4の方が大きく（それぞれ0.42、0.49）、その増分は統計的に有意であった（Δ0.07, $p < 0.01$）。したがっ

て、デュアル・チャネルというチャネル構造も、企業間資源を活用する要因として位置づけることが妥当であることが示唆された。

　Model 4において、まず、関係論の4つの要因の係数に着目したい。関係特殊資産の係数（$\beta_1 = 0.20, p < 0.05$）、補完的資源の係数（$\beta_3 = 0.19, p < 0.05$）、および、コミットメントの係数（$\beta_4 = 0.45, p < 0.01$）は、正かつ有意であった一方、知識共有ルーティンの係数（$\beta_2 = 0.00, p > 0.10$）は、非有意であった。続いて、仮説のテストをするために、交差項の係数に着目したい。Model 3において、関係特殊資産とコミットメントの交差項の係数は、正かつ有意であった（$\beta_5 = 0.21, p < 0.05$）。したがって、**仮説7**は支持された。また、Model 4において、関係特殊資産とデュアル・チャネルダミーの交差項の係数も、正かつ有意であった（$\beta_8 = 0.19, p < 0.05$）。したがって、**仮説8**も支持された。そして次に、Model 3において、補完的資源とコミットメントの交差項の係数は、非有意であった（$\beta_7 = -0.15, p > 0.10$）。したがって、**仮説11**は支持されなかった。また、Model 4において、補完的資源とデュアル・チャネルダミーの交差項の係数は、正かつ有意であった（$\beta_{10} = 0.16, p < 0.05$）。したがって、**仮説12**は支持された。最後に、Model 3において、知識共有ルーティンとコミットメントの交差項の係数は、非有意であった（$\beta_6 = -0.06, p > 0.10$）。したがって、**仮説9**は支持されなかった。また、Model 4において、知識共有ルーティンとデュアル・チャネルダミーの交差項の係数は、負かつ有意であった（$\beta_9 = -0.32, p < 0.01$）。したがって、**仮説10**も支持されなかった[9]。

5．考察

　前節においては、デュアル・チャネルがチャネル成果に及ぼす影響について実証分析を行った結果を示した。本節においては、そうした実証分析の結果について考察したい。

◉──5-1 関係特殊資産・補完的資源とデュアル・チャネル の交互効果

　分析の結果、デュアル・チャネルは、関係特殊資産がチャネル成果に及ぼす正の影響を促進することが見出された。製造業者は、独立チャネルではなく、デュアル・チャネルというチャネル構造を選択すれば、流通活動の利益構造や顧客への効果的な販売方法などの知識を得ることができる。すると、自社製品を販売するために求められる特殊な知識やノウハウを、効率よく流通業者に移転することができて、大きなチャネル成果を創造できる。

　同様に、分析の結果、デュアル・チャネルは、補完的資源がチャネル成果に及ぼす正の影響も促進することが見出された。先述のとおり、製造業者は、独立チャネルではなく、デュアル・チャネルというチャネル構造を選択すれば、流通活動の利益構造や顧客への効果的な販売方法などの知識を得ることができる。すると、流通業者が有する資源の価値を正確に評価し、自社の資源と結びつけるべき資源がどれかを判断する能力を身に付けられ、その結果、大きなチャネル成果を創造できる。デュアル・チャネルが、関係特殊資産および補完的資源の効果を促進するという分析結果は、デュアル・チャネルというチャネル構造が、企業間資源を活用するための要因（VRIOの枠組における「O」）として位置づけられることも含意している。

　さらに、分析の結果、デュアル・チャネルダミーの単項が、チャネル成果に及ぼす有意な影響は、見出されなかった。これはすなわち、製造業者がデュアル・チャネルと独立チャネルのいずれのチャネル構造を選択するのかは、チャネル成果に対して、直接的な影響を及ぼさないことを示唆している。そうではなくて、上述のとおり、チャネル構造は、企業間資源の効果を高めることを通じて、チャネル成果に対して間接的な影響を及ぼす役割を担っていると言える[10]。

◉──5-2　知識共有ルーティンの主効果

　分析の結果、関係特殊資産、知識共有ルーティン、補完的資源、および、効果的統御（コミットメント）という4つの企業間資源のうち、知識共有ルーティンについては、チャネル成果に及ぼす正の影響が見出されなかった。この理由の1つとして、次のようなことが考えられる。本研究は、関係論の主張に基づいて、知識共有ルーティンがチャネル成果に及ぼす正の影響のみを考慮していたものの、近年の研究では、知識共有ルーティンがチャネル成果に負の影響を及ぼす可能性を示唆している。Myers and Cheung（2008）は、そうした負の影響が発生する2つのプロセスを指摘した。第1は、製造業者と流通業者の間で知識共有が定期的に行われると、製造業者の技術、価格表、あるいは、顧客情報などの情報が、競合他社に流出してしまい、チャネル成果が低下してしまうというプロセスである。第2は、製造業者と流通業者の間で知識共有が定期的に行われ、製造業者が貴重な情報源として流通業者に依存し過ぎてしまうと、製造業者は自社の自律性を失って、自社の意思決定が流通業者の意向に左右されるようになり、チャネル成果が低下してしまうというプロセスである。

　これを踏まえると知識共有ルーティンがチャネル成果に対して及ぼす正負の影響メカニズムは、**図6-2**のように示される。知識共有ルーティンは、新たなアイディアの創造を通じて、チャネル成果に正の影響を及ぼす一方、競合他社への情報流出や自律性の低下を通して、チャネル成果に負の影響を及ぼす。本研究の分析結果において、知識共有ルーティンがチャネル成果に及ぼす影響が非有意であった理由の1つは、このような知識共有ルーティンの正負の影響が互いの影響を打ち消し合ったからであると考えられる。

◉──5-3　知識共有ルーティンとデュアル・チャネルの交互効果

　分析の結果、デュアル・チャネルが採用されていると、知識共有ルーティンは、チャネル成果に対して負の影響を及ぼすことが見出された。**仮説10**においては、デュアル・チャネルが採用されていると、知識共有ルーティンは、チャネル成果

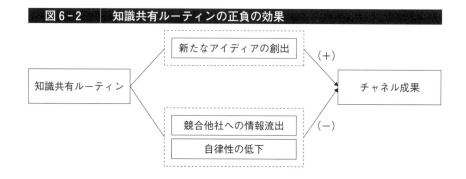

図6-2　知識共有ルーティンの正負の効果

に対して大きな正の影響を及ぼすと主張したものの、分析においては、それと相反する結果が見出された。その理由として、2つの影響が考えられる。

　第1は、製造業者と流通業者の知識の冗長性（knowledge redundancy）による影響である。知識の冗長性とは、ある二者の知識が似ている程度のことである（Rindfleisch and Moorman, 2001）。**図6-3**に示すように、デュアル・チャネルを有している製造業者が流通活動を通して得ることのできる知識は、外部の流通業者が有する知識と似ているため、両者間の知識の冗長性は大きい。よって、デュアル・チャネルを有している製造業者と外部の流通業者が知識を交換したとしても、互いに新奇な知識を得ることができる可能性は小さい。一方、独立チャネルのみを有している製造業者は、外部の流通業者と似たような知識を有していないため、両者間の知識の冗長性は小さい。よって、独立チャネルのみを有している製造業者と外部の流通業者が知識を交換すれば、互いに新奇な知識を得ることができる可能性は大きい。

　以上より、製造業者がデュアル・チャネルを選択している場合の方が、独立チャネルを選択している場合に比して、知識共有ルーティンがチャネル成果に及ぼす正の効果が発生しにくい可能性がある。以上の議論と知識共有ルーティンの負の効果（図6-2参照）を踏まえると、製造業者は、デュアル・チャネルを採用することによって、知識共有ルーティンがチャネル成果に及ぼす正の影響が弱まり、負の影響が相対的に強くなってしまうと考察しうる。したがって、**仮説10**を支持する結果が得られなかったのではないかと考えられる。

　第2の理由は、デュアル・チャネルによる関係性悪化の影響である。製造業者

図6-3 知識の冗長性

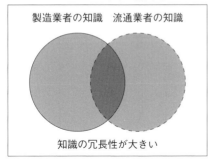
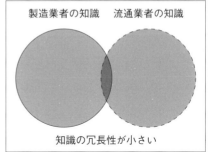

は、デュアル・チャネルを用いることによって、流通業者にとってのパートナーだけではなく、競争相手にもなってしまう（Moriarty and Moran, 1990）。すると、流通業者は、当該製造業者の不利益につながるような行動を採ることを躊躇しなくなってしまうかもしれない。例えば、当該製造業者から入手した技術情報や価格情報を、他の製造業者に対して流出させてしまうかもしれない。以上の議論と知識共有ルーティンの負の効果（**図6-2**参照）を踏まえると、製造業者は、デュアル・チャネルを採用することによって、知識共有ルーティンがチャネル成果に及ぼす負の影響が強まり、負の影響の方が正の影響よりも相対的に強くなってしまうと考察できる。したがって、**仮説10**を支持する結果が得られなかったのではないかと考えられる。

◉──5-4 効果的統御による調整効果

　分析の結果、関係論の4つの決定要因の主効果のみを組み込んだモデルに比して、効果的統御（コミットメント）を他の3つの要因の調整効果として位置づけたモデルの方が、モデル全体の説明力は高いことが示された。これは、4つの決定要因がチャネル成果に直接的な正の影響を及ぼすという従来の基本モデルに比して、Dyer and Singh（1998）の主張に基づいて効果的統御を企業間資源の活用要因として位置づけた修正基本モデルの方が、経験的に妥当であることを示唆している。

　さらに、分析の結果、コミットメントは、関係特殊資産がチャネル成果に及ぼす正の影響を促進することが見出された。すなわち、製造業者と流通業者の間で、当該関係にコミットし、継続的・長期的な関係を構築しようとする意志があるような、強固な関係においては、関係特殊資産が首尾よく活用されることが示唆された。例えば、製造業者と流通業者のコミットメントが高い場合の方が、コミットメントが低い場合に比べて、製造業者が流通業者に対して自社製品を取り扱うための教育やトレーニングという形で関係特殊資産を形成した際に、流通業者は、そこで得られた知識をより積極的に活用して販売成果をより大きく向上させると考えられる。

(1) 既存研究（e.g., Dutta, *et al.*, 1995; Kabadayi, 2011）において、関係特殊資産（資産特殊性）がデュアル・チャネルの選択（対 独立チャネルの選択）に対して正の影響を及ぼすということが見出されていることを考慮に入れると、関係特殊資産とデュアル・チャネルの選択という２つの変数は独立であるとは言えないかもしれない。しかしながら、日本のような集団主義的な国では、そもそも機会主義的行動が発生しにくいゆえに、取引費用理論の予測が当てはまりにくいと指摘されている（Chen, *et al.*, 2002）。実際、実証研究Ⅰにおいて、資産特殊性とデュアル・チャネルの選択（対 独立チャネルの選択）の間に有意な関係は見出されなかった。以上の点を踏まえて、本研究は、関係特殊資産とデュアル・チャネルの選択は、独立した変数として捉えている。

(2) なお、204票のうちの14票は、督促状を発送した後、本調査専用の Web サイトを通して収集した。

(3) なお、本研究の分析においては、デュアル・チャネル採用企業と独立チャネル採用企業のみを用いて、統合チャネル採用企業を除外しなければならない。それゆえ、注意するべきことに、後に詳述されるデュアル・チャネルダミー作成の基準値に基づいて、統合チャネル企業と判断した企業は、分析には用いない。すなわち、実際の分析に用いられるサンプルサイズは、設定されるダミー変数の基準値に依存して、138より少なくなっている。

(4) 早期回答協力者グループは、督促状が発送される以前に調査票を返却した回答協力者のグループであり、後期回答協力者グループは、督促状が発送された以後に調査票を返却した回答協力者のグループであった。

(5) 事前インタビューの対象者は、電子機器、化学、機械などの製造業に従事する合計10名の実務家であり、インタビュー調査は、１人あたり、約１時間から１時間半の時間を掛けて行った。これらの実務家には、実際に調査票のすべての質問に回答してもらいながら、回答することが困難な質問項目を指摘してもらった。そして、そうした指摘を参考にして、修正された質問項目を本調査において使用した。なお、これらの実務家は、本調査の対象からは除外

した。

(6)厳密には、流通活動に際して、所有権を獲得するような中間業者を卸売業者（wholesaler）と呼ぶ一方、所有権を獲得せずに見込顧客の紹介のみを行うような中間業者を販売代理店（agency）と呼ぶ。ただし、本調査においては、便宜上、回答者に対して、製造業者と最終顧客の間に介入する企業をすべて卸売業者と呼ぶと伝えたうえで質問に回答してもらった。

(7)シングル・チャネル企業に分類されたサンプルサイズは20であり、極めて小さかった。したがって、実証研究Ⅲの分析結果は、信頼できる結果ではない危険性があり、それゆえ、そこから得られた研究知見については、慎重に解釈されるべきである。この点については、第8章において記述するとおり、本書全体を通した限界点の1つである。

(8)横断面データを用いた線形回帰モデルの推計に際しては、均一分散の仮定が保たれることが重要である。そこで、Brush-Pegan検定を行ったところ、すべてのモデルについて、不均一分散の帰無仮説は棄却され、均一分散の仮定が保たれていることが示唆された。そこで、モデルの推計に際しては、最小二乗法（OLS）を用いた。

(9)本章3-5項において述べたように、分析に際しては、5%という基準値を用いて、チャネル構造の分類を行ったが、他の基準値（具体的には、10%および15%）を用いても一貫した分析結果が得られるか否かという頑健性の確認を行った。その結果、補完的資源の係数が、5%基準では有意であったものの、10%・15%基準では非有意であることを除いては、両者の間で、係数の符号や有意性は一貫していた。

(10)同様に、チャネル構造が、資源・能力の効果を高低させることを通じて、成果に対して間接的な影響を及ぼすと主張した研究として、崔・原（2019）が挙げられる。彼らは、日本の製造業415事業部から収集されたデータを分析し、製造業者は、統合度の低いチャネル構造を選択することによって、マーケティングケイパビリティの構成要素の1つである流通能力の効果を高められることを見出した。

第 **7** 章 | 知見と含意

▌1. デュアル・チャネルの選択に関する 知見と含意

　デュアル・チャネルに関する既存研究が抱える第1の問題（問題Ⅰ）は、海外市場におけるデュアル・チャネルの選択に対して、ケイパビリティ要因が及ぼす影響を検討していないことであった。この問題を解消するために、本書は、実証研究Ⅰを展開し、海外流通を想定したうえで、輸出企業家志向能力という新たなケイパビリティ要因の効果を検討し、また、文化的距離の調整効果も検討した。より具体的には、輸出市場志向能力だけではなく、輸出企業家志向能力も、デュアル・チャネルの選択に正の影響を及ぼすという仮説、および、文化的距離がそうした正の影響を促進するという仮説を提唱した。これらの仮説をテストするために、海外市場に向けて生産財を生産する日本国内の製造業者196事業部から収集したデータを分析し、**図7-1**に示すような結果を見出した。この分析結果を踏まえると、本書は、次の2点の知見を提供した。

　第1は、輸出企業家志向能力の高い製造業者は、独立チャネルを選択せずに、デュアル・チャネルないし統合チャネルを選択する傾向にあるということである。輸出企業家志向能力の高い製造業者は、ハイリスクなプロジェクトを引き受け、革新的な製品・サービスを開発し、新しい市場機会を積極的に探し求めている。そうした製造業者は、新しいアイディアをいち早く導入し、顧客から素早く

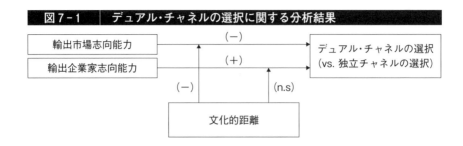

図7−1 デュアル・チャネルの選択に関する分析結果

輸出市場志向能力
輸出企業家志向能力
(−)
(+)
デュアル・チャネルの選択
(vs. 独立チャネルの選択)
(−)
(n.s)
文化的距離

フィードバックを得るために、自社の意思決定を反映させやすいチャネル、すなわち、統合チャネルを、少なくともある程度は使用する。すなわち、チャネルシステム内の一部分のみを統合チャネルで構成する（デュアル・チャネルシステムを構築する）か、あるいは、チャネルシステムをすべて統合チャネルで構成する。

第2は、輸出市場志向能力の効果は、文化的距離の大小によって変化するということである。文化的距離が大きくない場合、輸出市場志向能力の高い製造業者は、デュアル・チャネルではなく、独立チャネルを選択する傾向にある。デュアル・チャネルは、市場志向を実現するために役立つ一方で、デュアル・チャネルを使用するには、複数種類のチャネルを扱う管理コストや、チャネル間のコンフリクトを抑制する統制コストが必要となってしまう。輸出市場志向能力の高い企業は、すでに市場志向を実現しうる力を持っているため、そうしたコストを支払ってまで、敢えてデュアル・チャネルを選択する必要は無いと考え、文化的距離の大きくない市場においては、シングル・チャネルを選択する。

他方において、文化的距離が大きい場合、輸出市場志向能力の高い製造業者は、独立チャネルではなく、デュアル・チャネルを選択する傾向にある。母国と文化的にかけ離れた国では、最終顧客が有する行動や戦略に加えて、その基礎となる規範や価値観が大きく異なる。そうした輸出先国においては、輸出市場志向能力の高い製造業者といえども、市場情報の収集・反応が困難になり、市場志向活動を実現することが難しくなる。そのため、輸出市場志向能力の高い製造業者は、多様な情報源から市場情報を収集し、多様なチャネルを用いて市場情報に反応するべく、デュアル・チャネルを選択する。

このような研究知見を提供した本書は、次のような実務的含意を内包していると言える。製造業者は、自社の強みや周囲の環境を考慮に入れて、チャネル選択

を行うべきである。具体的には、海外市場への輸出を試みる製造業者は、企業家志向能力と市場志向能力が自社の強みであるか否か、および、自国と輸出先国の間に文化的な差異があるか否かに基づいて、チャネル選択を行うべきである。まず、企業家志向能力の高い製造業者は、文化的な差異の有無とは関係なく、販社や自社部門のような統合チャネルを、ある程度は用いるべきである。そうすれば、そうした自社の統合チャネルを通して、新製品や新サービスを導入したり、顧客からのフィードバックを迅速に入手したりと、企業家志向的な活動を実現することができる。一方、企業家志向能力が低い製造業者は、文化的な差異の有無とは関係なく、商社や代理店のような独立チャネルを用いるべきである。なぜなら、統合チャネルを設立・維持する費用を、わざわざ負担する必要はないからである。

　次に、市場志向能力の高い製造業者は、文化的な差異が大きくない輸出先国で操業する場合には、敢えてデュアル・チャネルを選択する必要はない。そうした輸出先国における最終顧客は、自国の最終顧客と、ある程度は嗜好や規範が似通っているため、単一種類のチャネルを用いていても、充分に市場志向を実現することができる。他方において、文化的な差異が大きい輸出先国で操業する場合には、最終顧客の嗜好や行動を把握することは極めて難しい。そのような場合には、製造業者は、最終顧客の情報を多様なルートから収集し、さらには、多様なルートを用いて最終顧客に対応する必要があるため、統合チャネルと独立チャネルの双方、すなわち、デュアル・チャネルを用いるべきである。

2. デュアル・チャネルにおける対立に関する知見と含意

　デュアル・チャネルに関する既存研究が抱える第2の問題（問題II）は、対立の管理方策の効果を促進する要因を同定していないことであった。この問題を解消するために、本書は、実証研究IIを展開し、対立学習能力が、境界システムと補償システムという2つの管理方策の効果を促進するという新仮説を提唱した。この仮説をテストするために、国内市場に向けて生産財を生産する日本国内の製造業者157事業部から収集したデータを分析し、**図7-2**に示すような結果を見

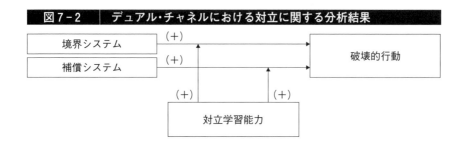

図7-2　デュアル・チャネルにおける対立に関する分析結果

境界システム　（＋）→　破壊的行動
補償システム　（＋）→
（＋）　　　（＋）
対立学習能力

出した。この分析結果を踏まえると、本書は、デュアル・チャネルにおける対立に関して、次の2点の知見を提供した。

　第1は、境界システムの便益を享受できるのは、対立学習能力の高い製造業者のみであるということである。対立学習能力の高い製造業者は、境界システムを実行することによって、破壊的行動を抑制しうる一方で、対立学習能力の低い製造業者は、境界システムを実行しても、破壊的行動を抑制できないどころか、むしろ引き起こしてしまう恐れがある。対立学習能力の低い製造業者が破壊的行動を引き起こしてしまうのは、チャネル・メンバーやチャネル対立の原因に関して、それほど知識を有しておらず、それゆえ、チャネル・メンバーから反感を買うような境界ルールを設計してしまうからである。

　第2は、対立学習能力の高低にかかわらず、すべての製造業者が、補償システムの便益を享受できるということである。補償システムは、製造業者に対して経済的負担を課すものの、努力したチャネル・メンバーの利益を事後的に必ず補償するため、チャネル・メンバーの協力的な行動を引き起こしやすく、それゆえ、破壊的行動を引き起こしにくいと考えれられる。ただし、対立学習能力の高い製造業者の方が、低い製造業者に比して、補償システムから得られる便益は、より大きい。したがって、対立学習能力を高めることは、境界システムの効果を高めるだけではなく、補償システムの効果を高めることにもつながるのである。

　このような研究知見を提供した本書は、次のような実務的含意を内包していると言える。第1に、製造業者は、デュアル・チャネルがしばしば、統合チャネルと独立チャネルの破壊的行動を引き起こすということを意識しなければならない。もし、デュアル・チャネルを採用している製造業者が、デュアル・チャネルを採用するのをやめて、シングル・チャネルを採用し始めれば、統合チャネルと独立

チャネルの破壊的行動を恐れる必要はなくなる。しかしながら、製造業者は、それと同時に、デュアル・チャネルによる便益をすべて犠牲にしなければならない。

　もし、デュアル・チャネルを使用し続けるのであれば、製造業者は、統合チャネル（例えば、販売子会社、自社営業部門）と独立チャネル（例えば、商社、代理店、ディーラー）の間で対立が高まり、破壊的行動が生じてしまうのを防がなければならない。それを防ぐ方法としては、製品、顧客、販売地域などを区分する境界システムと、売上に対して貢献したチャネル・メンバーの努力に対して経済的インセンティブを与える補償システムの２種類が存在する。これらのうち、手っ取り早いという理由で、境界システムを用いたがる製造業者が多いかもしれない。しかしながら、本書の研究知見によると、効果的な境界システムを設計・実行することは容易ではなく、それを実現するためには、製造業者は、チャネル・メンバーの意見に耳を傾けて、チャネル対立の原因に関して分析し学習する必要がある。例えば、もし、製造業者の営業部隊と、代理店が、同じ顧客を標的として衝突してしまったら、対立を解消するだけではなく、代理店側の言い分を聞いて、彼らの信念や行動を理解する必要がある。そのようにして、チャネル・メンバーに関する知識を蓄積することによって、効果的な境界ルールを設計・実行することができるようになるであろう。

　また、本書の研究知見は、製造業者が、補償システムを実行するべきであることを示している。補償システムは、その実行者にとって経済的な負担となるため、製造業者は、実行するのを敬遠するかもしれない。しかしながら、本書の研究知見によると、製造業者は、補償システムを実行することによって、チャネル・メンバーの破壊的行動を抑制し、ひいては、チャネルシステム全体の成果を高めることもできる。とりわけ、対立学習能力の高い製造業者は、補償システムのそうした恩恵を享受できる可能性が極めて高い。したがって、製造業者、とりわけ、対立学習能力の高い製造業者であるなら尚更、補償システムを設計・実行するべきである。

3. デュアル・チャネルと成果に関する 知見と含意

　デュアル・チャネルに関する既存研究が抱える第3の問題（問題Ⅲ）は、デュアル・チャネルがチャネル成果に及ぼす影響を検討していないことであった。この問題を解消するために、本書は、実証研究Ⅲを展開し、デュアル・チャネルがチャネル成果に及ぼす影響を探究した。具体的には、関係論に基づいて、関係特殊資産、知識共有ルーティン、および、補完的資源という企業間資源に着目し、それらがチャネル成果に及ぼす正の影響を、デュアル・チャネルが促進するという新仮説を提唱した。この仮説をテストするために、国内市場に向けて生産財を生産する日本国内の製造業者111事業部から収集したデータを分析し、**図7-3**に示すような結果を見出した。この分析結果を踏まえると、本書は、次の2点の研究知見を提供したと言える。

　第1は、デュアル・チャネルは、関係特殊資産および補完的資源がチャネル成果に及ぼす正の影響を促進するということである。製造業者は、独立チャネルではなく、デュアル・チャネルというチャネル構造を選択すれば、流通活動の利益構造や顧客への効果的な販売方法などの知識を得ることができる。すると、自社製品の販売に特殊的な知識やノウハウを効率よく流通業者に移転することができたり、流通業者が有する資源の価値を正確に評価することができたりして、その結果、大きなチャネル成果を創造できることが示唆された。チャネル構造は、関係特殊資産および補完的資源の効果を高めることを通じて、チャネル成果に対して間接的な影響を及ぼす役割を担っていると言える。加えて、コミットメントも、関係特殊資産がチャネル成果に及ぼす正の影響を促進することが見出された。製造業者と流通業者は、コミットメントが高ければ、すなわち、取引関係を継続しようとする意図が大きければ、関係特殊資産を互いの利益のために効果的に活用するため、結果として大きなチャネル成果を創造できることが示唆された。

　第2は、知識共有ルーティンは、チャネル成果に対して、正負の双方の影響を及ぼす可能性があるということである。具体的には、知識共有ルーティンは、新たなアイディアの創造を通して、チャネル成果に正の影響を及ぼす一方、競合

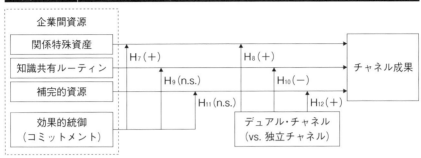

図7-3　デュアル・チャネルと成果に関する分析結果

他社への情報流出や自社の自律性低下を通して、チャネル成果に負の影響を及ぼす可能性がある。そして、製造業者は、デュアル・チャネルを選択すると、これらの正負の影響のうちの負の影響を、相対的に強めてしまう恐れがある。なぜなら、製造業者は、デュアル・チャネルを選択することによって、独立流通業者との知識の冗長性を高めて、新たなアイディアの創造という知識共有ルーティンの正の影響を低めてしまったり、流通業者との関係性を悪化させて、競合他社への情報流出という知識共有ルーティンの負の影響を強めてしまったりするからである。

　このような研究知見を提供した本書は、次のような実務的含意を内包していると言える。第1に、本書は、デュアル・チャネルを採用していない製造業者に対して、チャネル戦略に関する含意を提供することができる。デュアル・チャネルを採用しておらず、独立チャネルのみを用いている製造業者は、デュアル・チャネルを採用することによって、次のようなメリットを享受しうる。すなわち、製造業者は、自社組織による流通活動を通して、流通活動に関する利益構造や、顧客のニーズ、あるいは、顧客に対する効果的な販売方法などの操業知識を得ることができる。そして、製造業者は、こうした知識を利用し、外部流通業者の販売員に対する訓練や外部流通業者との資源の結合を行うことによって、チャネル成果を高めることができる。

　第2に、すでにデュアル・チャネルを採用している製造業者に対しても、チャネル戦略に関する含意を提供することができる。すでにデュアル・チャネルを採用している製造業者は、流通業者との知識共有に際して注意を必要とする。本書

の分析結果より、デュアル・チャネルを採用している製造業者は、そうでない製造業者に比して、外部の流通業者と定期的に知識共有を行ったとしても、チャネル成果が生まれにくいことが示唆されている。それは、デュアル・チャネルを有している製造業者が、外部流通業者と知識を共有する以前から、彼らと似たような知識を有していたり、外部流通業者との関係性を悪化させてしまったりするためであると考えられる。したがって、すでにデュアル・チャネルを有している製造業者は、外部の流通業者との知識共有を通してさらなる知識を獲得するのではなく、外部流通業者の販売員に対する訓練や外部流通業者との資源の結合などの活動を通して、すでに有している知識を活用することに注力するべきであろう。

第 **8** 章 | **限界と課題**

1. 本書の限界

◉──1-1 横断面データの使用

　本書は、実証分析に際して、多数の企業の一時点におけるデータ、すなわち、横断面データを収集した。調査法を用いて長期的なパネルデータを収集することは、時間的・金銭的に困難であるため、横断面データを用いることも容認されているし（Rindfleisch, Malter, Ganesan, and Moorman, 2008）、実際に、マーケティング・チャネルに関する数多くの既存研究は、横断面データを用いてきた（Kozlenkova, Hult, Lund, Mena, and Kekec, 2015; Krafft, *et al.*, 2015; Li, *et al.*, 2017）。しかしながら、因果関係を分析するには、時間的な経過を考慮することが可能なパネルデータないし縦断的データを用いることが望ましい。本書で取り扱った因果関係、すなわち、ケイパビリティ要因とデュアル・チャネルの選択、対立の管理方策と破壊的行動、および、デュアル・チャネルとチャネル成果の因果関係について、パネルデータないし縦断的データを用いて追試に取り組むことは、本書の外部妥当性を高めるという点において、有意義な試みである。

◉──1-2　単一情報提供者の使用

　本書は、実証分析に際して、1企業につき1人の情報提供者、すなわち、単一の情報提供者からデータを収集した。この収集方法は、コモンメソッドバイアスを引き起こしてしまう危険性を有している（Podsakoff, *et al.*, 2003; MacKenzie and Podsakoff, 2012）。コモンメソッドバイアスの問題に対処するために、本書は、調査票を設計する段階において、事前の対処法をいくつか実施した。さらに、事後的な検定を行うことによって、コモンメソッドバイアスが深刻な問題とはなっていないということを確認した。とはいえ、情報提供者の数を、1人の人物ではなく複数の人物に増やすことによって、コモンメソッドバイアスの問題に対して、さらに首尾よく対処することができる。具体的には、従属変数と独立変数にかかわる質問項目について、それぞれ異なる人物に回答してもらうことによって、コモンメソッドバイアスの問題に、効果的に対処することができる。以上より、複数の情報提供者からデータを収集することは、コモンメソッドバイアスの問題に対処するという点において、有意義な試みである。

◉──1-3　サーベイデータによる主観的指標の使用

　本書は、すべての独立変数と従属変数について、サーベイ調査による主観的指標を用いた。特定製品ごとのチャネル戦略に関する変数を、2次データを用いて測定するのは極めて困難であるし、既存研究において、主観的な指標は客観的な指標と整合的であると主張されていることから（e.g., Dess and Robinson, 1984）、主観的な指標を用いる妥当性は認められる。しかしながら、近年、チャネル研究においては、データの信憑性に欠けるという理由で、サーベイ調査による主観的指標のみを使用した研究は高く評価されない傾向にある（Krafft, *et al.*, 2015, 崔, 2015）。一方で、企業の財務データやプレスリリースのような2次データを用いる気運が徐々に高まっている。例えば、Homburg, Wilczek, and Hahn（2014）は、企業のプレスリリースの内容分析を行うことによって、デュアル・チャネルの導入という変数を測定することに成功している。データの信憑性の問題を克服

するために、２次データを使用することは、有意義な試みである。

◉── 1-4　サンプリングの問題

　本書の実証分析におけるサンプルは、製造業を行っており、生産財を生産している、比較的大きな規模の企業であった。しかしながら、無論、企業の中には、サービス業を行っていたり、消費財を生産していたり、比較的小さな規模で操業していたりする企業も存在する。そうした企業のサンプルを収集し、データを分析することは、本書の研究知見の外部妥当性を高めることにつながる。

　加えて、本書の実証分析においては、日本国内の企業からデータを収集したわけであるが、日本のチャネル関係は、海外のチャネル関係とはいくつかの点で大きく異なると言われている。例えば、系列化が進んでいる日本のチャネル関係においては、サプライヤーメーカーが、組立メーカーに対して依存するという依存関係が観察される。また、日本のチャネル関係は、海外のチャネル関係に比して、協調性や長期志向性が重要視される傾向にある。したがって、海外の企業からもデータを収集し、国際比較研究を行うことによって、本書の研究知見を精緻化することができる。

　さらに、本書の実証分析におけるサンプルは、複数の産業から収集した。産業ダミーをモデルに加えることによって、産業特定的な要因を除去しようと試みているものの、そうした試みを行ったとしても、すべての産業特定的な要因を取り除くことはできない。この問題を解決するべく、同一の産業に属する企業からサンプルを収集して、データを分析することも、本書の外部妥当性を高めることにつながる。同じ研究デザインと異なるサンプルを用いて追試を行う、すなわち、レプリケーションを行うことは、極めて重要な試みであり（Bettis, Helfat, and Shaver, 2016; 髙田, 2017）、数々のマーケティング研究者たちが、近年、レプリケーションを推奨している（e.g., Kwon, Shan, Lee,and Reid, 2017; Royne, 2018; Pratt, Kaplan, and Whittington, 2020）。そうした背景からも、異なるサンプルを収集し、仮説の追試を行うことは、有意義な試みである。

◉──1-5　サンプルサイズの問題

　本書の実証研究Ⅰ～Ⅲの分析におけるサンプルサイズはそれぞれ、196、157、および、111であった。マーケティング・チャネルに関する既存研究と比較すると、このサンプルサイズは比較的小さい（Li, *et al.*, 2017）。さらに、実証研究Ⅰおよび実証研究Ⅲにおいては、デュアル・チャネルや独立チャネルのようなチャネル構造同士の比較を行っているわけであるが、各チャネル構造のサンプルサイズは極めて小さかった。サンプルサイズが小さいと、当サンプルが母集団を代表できない可能性が発生し、それゆえ、小さなサンプルサイズを用いて行った分析結果から得られた研究知見を一般化することは疑問視されている。以上より、今後の研究には、サンプルサイズの大きなデータを用いて分析を行い、本書の研究知見の外部妥当性を高めることが望まれる。

◉──1-6　質問項目の問題

　最後の限界点として挙げられるのは、測定方法に関してである。本書の実証研究において採用した質問項目の大半は、海外において開発・使用されたものであり、英語の質問項目をそのまま邦訳して用いた。しかしながら、本書の調査文脈、具体的には、チャネル戦略に関する調査であること、および、日本人に対する調査であることを考慮に入れて、質問項目の修正を検討する必要があろう。例えば、実証研究Ⅰにおいて、輸出企業家志向能力の変数を用いているわけであるが、この変数は、国際マーケティング戦略研究において用いられてきたものの、チャネル研究においては用いられていない。それゆえ、チャネル研究において用いるのに際して、チャネル戦略との関連付けを明示するような質問項目の開発を検討する必要がある。また、同じく実証研究Ⅰにおいて、市場情報の普及の変数を用いているわけであるが、この変数は、すべて逆転尺度で測定した。既存研究において、日本人は、黙従・非黙従傾向の高い傾向にあることが示されており（Frank, Abulaiti, Torrico, and Enkawa, 2013）、そうした回答スタイルを有する国においては、逆転尺度を使用してしまうと概念を正確に測定することができない（Swain,

Weathers, and Niedrich, 2008）。したがって、逆転尺度を使用しないような質問項目の開発を検討する必要がある。なお、実証研究Ⅰにおいて、輸出市場志向能力がデュアル・チャネルの選択に負の影響を及ぼすという、既存研究とは異なる分析結果が見出された理由の1つとして、質問項目の設計における問題を有しており、輸出市場志向能力を正確に測定できていなかった可能性を指摘することができる。以上より、質問項目を再検討することは、測定誤差の小さい正確なデータを収集するという点において、有意義な試みである。

2．今後の研究課題

◉——2-1　デュアル・チャネルと資源・能力の形成プロセス

　本書は、3つの実証研究を通して、対立学習能力や企業間資源のような、資源や能力という概念を取り扱ってきた。本書は、これらの資源や能力が、デュアル・チャネルの選択・対立・成果に多大なる影響を及ぼしていることを示すことができた一方で、資源や能力がいかにして形成されるのかという研究課題には、取り組まなかった。実証分析の観点から言い換えると、本書は、資源や能力を外生変数として取り扱って、それらが他の変数にいかなる影響を及ぼすのかを探究した一方で、資源や能力を内生変数として取り扱って、それに影響を及ぼす要因を探究するという試みを行わなかった。種々の資源や能力が、チャネル戦略を成功させるために必要であることが示されたのであれば、次のステップとして取り組むべき研究課題は、「それでは、製造業者は、そうした資源や能力をどのように身に付ければよいのであろうか」ということである。したがって、今後の研究には、デュアル・チャネルの選択・対立・成果に影響を及ぼしうる資源や能力が、どのようなプロセスで発展するのか、どのような条件で形成されるのかといった研究課題に取り組むことが望まれる。

◉——2-2 デュアル・チャネルの正負の効果

本書は、デュアル・チャネルが、製造業者の成果に対して、正負の双方の影響を及ぼすことを示唆した。すなわち、製造業者は、自社製品を流通させるチャネル構造としてデュアル・チャネルを選択することによって、破壊的行動を引き起こして、成果を低めてしまう恐れがある一方で、関係特殊資産や補完的資源を活用する能力を高めて、成果を高めることができることを示唆した。これらを踏まえると、以下の研究課題に取り組むことは、有意義であると考えられる。すなわち、デュアル・チャネルは、製造業者の成果に対して、どのような条件において正の影響を及ぼし、どのような条件において負の影響を及ぼすのであろうかという研究課題である。この研究課題に取り組むためには、まず、デュアル・チャネルが製造業者の成果に及ぼす正負の効果を識別し、それぞれの効果を促進／抑制するような企業特性、環境特性、あるいは、チャネル特性を同定する必要がある。例えば、チャネル特性として、デュアル・チャネル企業の統合チャネルと独立チャネルの比率の効果を検討するのは有用かもしれない。本書では一括りとして取り扱われたデュアル・チャネル企業は、統合チャネルと独立チャネルの比率という点において多様であり、その効果を検討することによって、詳細な分析が可能になるであろう。

さらに、成果指標についても検討する必要がある。デュアル・チャネル全体の成果は、統合チャネルによる成果と独立チャネルによる成果から構成されている。それゆえ、製造業者単独の成果と、デュアル・チャネル全体の成果は一致しない。双方の成果を取り扱ったうえで、デュアル・チャネルの正負の効果を検討することは極めて有用である。このような研究課題に取り組むことは、「詰まるところ、デュアル・チャネルは、自社にとって有益であるのか否か」について頭を悩ませるマーケターに対して、極めて有用な知見を与えることにつながる。したがって、今後の研究には、デュアル・チャネルの正負の効果について検討することが望まれる。

◉── 2-3 マルチ・チャネルの選択・対立・成果

　本書の研究対象であるデュアル・チャネルは、統合チャネルと独立チャネルという複数種類のチャネル構造を組み合わせて用いるという点において、マルチ・チャネルの一形態であると考えられる。他方で、統合チャネルの中にも、国内流通であれば、営業部門と自社子会社、海外流通であれば、輸出部門と現地法人というように、複数の種類が存在するし、独立チャネルの中にも、代理店やレップというように、複数の種類が存在する。これらの複数種類のチャネルの同時使用、すなわち、マルチ・チャネルの使用に関する研究課題に取り組むことも、今後の研究に期待されることである。例えば、マルチ・チャネルを選択するのは、どのような時であるのか、マルチ・チャネルが引き起こすチャネル対立はどのように緩和されるのか、あるいは、マルチ・チャネルは成果に対していかなる影響を及ぼすのかという研究課題に取り組むことは、学術的・実務的に有意義な試みである。

　また、マルチ・チャネルの中でも、特に消費財の流通において、小売企業によるオンラインチャネルとオフラインチャネルの同時使用は、オムニチャネルと呼ばれており、近年、学術的・実務的に注目を集めている（e.g., Verhoef, Kannan, and Inman, 2015; Saghiri, Wilding, Mena, and Bourlakis, 2017）。既存研究は主として、どのようなチャネルを、オムニチャネルとして見なすことができるのかという研究課題に取り組んできた。例えば、Beck and Rygl（2015）は、チャネル間の相互作用が顧客ではなく小売企業主導で行われており、企業が有するすべてのチャネルで統合が進んでいるという条件を満たすチャネルシステムを、オムニチャネルとして見なすことができると主張した。しかしながら、どのような要因が、オムニチャネル化を促進・抑制するのか、また、オムニチャネルは企業成果に対してどのような影響を及ぼすのかという研究課題は、ほとんど検討されていない。したがって、今後の研究には、オムニチャネルを含む、マルチ・チャネルに関する研究課題に取り組むことが望まれる。

あとがき

　本書の執筆過程においては、数多くの方々にさまざまな局面でご支援を賜り、こうした方々のお力添えがなければ、本書を完成させることはできなかった。この場を借りて、感謝を申し上げたい。

　小野晃典先生（慶應義塾大学教授）には、筆者の学部時代から今日に至るまで、研究内容に対するご指導はもちろんのこと、研究に対する姿勢や心構えの多くを教えて頂いた。学部時代に、先生とお会いすることができなかったならば、筆者が研究者の道を歩むことはなく、先生の手厚いご指導がなければ、本書を完成させることも叶わなかった。先生は、昼夜を問わず筆者の原稿を何度も添削してくださり、何事に関しても常に一歩も二歩も先を見据えたアドバイスをしてくださっている。そうした日々のご指導ひとつひとつから、本当に沢山のことを学ばせて頂いている。先生の学恩に、心からの感謝を申し上げたい。

　慶應義塾大学大学院商学研究科の先生方にも、ご指導ご鞭撻を賜った。鄭潤澈先生と髙田英亮先生は、本書の基となった博士論文の審査員を快く引き受けてくださり、そして、数々の貴重なコメントをくださった。また、堀越比呂志先生、髙橋郁夫先生、濱岡豊先生、白井美由里先生、清水聰先生、里村卓也先生、藪友良先生には、講義や演習にてご指導を賜った。特に、髙橋郁夫先生からは、本書に含まれている実証研究に対して、数多くの有益なご助言を賜った。商学研究科時代に、先生方の親身なご指導があったからこそ、研究者としての、また、大学教員としての基礎基本を身に付けることができたと感じている。義塾の先生方に、厚く御礼申し上げたい。

　日本商業学会を通じてご指導くださった多くの先生方にも、御礼を申し上げたい。本書に含まれる実証研究はすべて、日本商業学会の関東部会や全国大会にて口頭発表したものである。発表の場で先生方から頂戴した研究内容に対するコメントや、発表後の懇親会にて先生方から頂戴したさまざまなアドバイスは、示唆に富むものばかりであった。同学会が企画・運営する大学院生向けのイベント

（全国大会ドクトラル・コロキアムや夏の学校）は、同世代の大学院生から高名な先生方まで、いろいろな方々と交流できる貴重な機会であり、非常に有難かった。筆者の大学院生時代に、関東部会代表理事を務められていた芳賀康浩先生（青山学院大学教授）と小野譲司先生（青山学院大学教授）をはじめ、関東部会に所属されている先生方とは、部会を通じて交流させて頂き、多くの助言を賜った。当学会を通じて、研究や教育について学ばせて頂いたことは、自分の大切な財産となっている。心より御礼申し上げたい。

　筆者の前任校である福井県立大学経済学部の先生方にも、感謝を申し上げたい。福井県立大学は、筆者にとって大学教員としての初めての職場であり、県大の先生方は、大学教員として駆け出したばかりの筆者を温かく迎えてくださり、教育や学務の点で親身にご支援くださった。先生方のご支援無くしては、研究者・教育者としてのスタートを無事に切ることはできなかった。特に、同じマーケティング分野の北島啓嗣先生は、研究や教育上のアドバイスはもとより、福井県での生活立ち上げを含めて、公私共々力強いサポートをしてくださった。ここに深く感謝申し上げたい。

　筆者の現任校である立命館大学経営学部の同僚の先生方やスタッフの皆様にも、さまざまな形でご支援を賜っている。特に、同じマーケティング分野の齋藤雅通先生、木下明浩先生、金昌柱先生、寺﨑新一郎先生、苗苗先生には、日頃から研究についての刺激をもらうだけではなく、教育活動や学務負担の点で大変お世話になっている。本書を完成させることができたのも、ひとえに、研究に集中することができる環境を整えてくださっている同僚の先生方やスタッフの皆様のおかげである。心よりの感謝の意を表したい。

　チャネル研究会の崔容熏先生（同志社大学教授）、原頼利先生（明治大学教授）、久保知一先生（中央大学教授）、李東俊先生（大阪産業大学教授）、結城祥先生（神戸大学准教授）は、チャネル研究に関する最先端の知識と、筆者の実証研究に関する有益なアドバイスをいつもくださっている。そもそも、筆者が学部生時代にチャネル論の分野に関心を抱き、それを専攻することを志したのは、先生方の著作に出会い、大きな影響を受けたからである。そうした先生方と同じ研究会に所属し、交流する機会を頂けていることは、筆者にとってこの上なく有難いことであると、常々感じている。ここに記して厚く御礼申し上げたい。

　同門の大学院ゼミ出身の千葉貴宏先生（関西大学准教授）、白石秀壽先生（鳥取大学准教授）、菊盛真衣先生（立命館大学准教授）、竹内亮介先生（東洋大学専任講師）、中村世名先生（専修大学准教授）には、筆者の大学院在学中に、研究内容に対してご助言くださるだけではなく、精神的な面でも大きく支えて頂いた。そして、先生方と切磋琢磨することで、研究内容だけではなく、その発表方法や研究の進め方など、多くを学ばせて頂いた。心よりの感謝を申し上げたい。

　本書に含まれる実証研究では、分析の一環として、ビジネスの現場で働かれている実務家の方々に対して、ヒアリング調査を実施している。ご多忙のところ、調査にご協力くださり、現実の経営実態についてご教示くださった方々に、御礼を申し上げたい。また、サーベイ調査に際しては、慶應義塾学事振興資金および科学研究費補助金（特別研究員奨励費）の援助を賜った。さらに、本書の出版に際しては、科学研究費補助金（研究成果公開促進費、課題番号 JP22HP5124）による補助を受けている。ここに謹んで、深謝申し上げたい。

　出版事情が厳しくなっている昨今、本書の出版を快くお引き受けくださった株式会社千倉書房、および、筆者が大学院生の頃からお声がけくださり、此度の出版に際しては、編集作業や校正過程において丁寧なアドバイスと手厚いサポートをしてくださった編集部の岩澤孝様にも、心より御礼を申し上げたい。

　最後に、筆者をいつも温かく見守ってくれている家族にも御礼を述べさせて頂くことをお許し願いたい。学部、大学院時代から今日に至るまで、筆者が健やかに生活し、研究に集中することができているのは、家族があらゆる面で支え続けてくれているからである。ここに記して、心からの感謝の気持ちを表したい。

2022年9月

石井隆太

参考文献

Aiken, Leona S. and Stephen G. West (1991), *Multiple Regression: Testing and Interpreting Interactions*, Newbury Park, CA: Sage Publications.

Al-Obaidi, Zuhair and Mika Gabrielsson (2002), "Sales Channel Strategies in Export Marketing of Small and Medium Sized High Tech Companies," *Journal of Euromarketing*, Vol. 12, No. 2, pp. 5-27.

Andaleeb, Syed S. (1996), "An Experimental Investigation of Satisfaction and Commitment in Marketing Channels: The Role of Trust and Dependence," *Journal of Retailing*, Vol. 72, No. 1, pp. 77-93.

Anderson, Erin (1985), "The Salesperson as Outside Agent or Employee: A Transaction Cost Analysis," *Marketing Science*, Vol. 4, No. 3, pp. 234-254.

Anderson, Erin and Anne T. Coughlan (1987), "International Market Entry and Expansion via Independent or Integrated Channels of Distribution," *Journal of Marketing*, Vol. 51, No. 1, pp. 71-82.

Anderson, Erin and Anne T. Coughlan (2002), "Channel Management: Structure, Governance, and Relationship Management," in *Handbook of Marketing*, Barton A. Weitz and Robin Wensley, eds. London, UK: Sage Publications, pp. 223-247.

Anderson, Erin and Sandy D. Jap (2005), "The Dark Side of Close Relationships," *MIT Sloan Management Review*, Vol. 46, No. 3, pp. 75-82.

Anderson, Erin and David C. Schmittlein (1984), "Integration of the Sales Force: An Empirical Examination," *Rand Journal of Economics*, Vol. 15, No. 3, pp. 385-395.

Anderson, Erin and Barton Weitz (1989), "Determinants of Continuity in Conventional Industrial Channel Dyads," *Marketing Science*, Vol. 8, No. 4, pp. 310-323.

Argyris, Chris and Donald A. Schon (1978), *Organizational Learning: A Theory of Action Perspective*, Reading, MA: Addison-Wesley.

Argyres, Nicholas (1996), "Evidence on the Role of Firm Capabilities in Vertical

Integration Decisions," *Strategic Management Journal*, Vol. 17, No. 2, pp. 129-150.

Argyres, Nicholas and Todd R. Zenger (2012), "Capabilities, Transaction Costs, and Firm Boundaries," *Organization Science*, Vol. 23, No. 6, pp. 1643-1657.

Armstrong, J. Scott and Terry S. Overton (1977), "Estimating Nonresponse Bias in Mail Surveys," *Journal of Marketing Research*, Vol. 14, No. 3, pp. 396-402.

Armstrong, Robert W. and Siew M. Yee (2001), "Do Chinese Trust Chinese? A Study of Chinese Buyers and Sellers in Malaysia," *Journal of International Marketing*, Vol. 9, No. 3, pp. 63-86.

Aspinwall, Leo V. (1962), "The Characteristics of Goods Theory," in *Managerial Marketing: Perspectives and Viewpoints*, William Lazer and Eugene J. Kelley, eds. Homewood, IL: Richard D. Irwin, pp. 633-643.

Aulakh, Preet S. and Masaaki Kotabe (1997), "Antecedents and Performance Implications of Channel Integration in Foreign Markets," *Journal of International Business Studies*, Vol. 28, No. 1, pp. 145-175.

Barney, Jay B. (1991), "Firm Resources and Sustained Competitive Advantage," *Journal of Management*, Vol. 17, No. 1, pp. 99-120.

Barney, Jay B. (1997), *Gaining and Sustaining Competitive Advantage*, Reading, MA: Addison-Wesley.

Barney, Jay B. (1999), "How a Firm's Capabilities Affect Boundary Decisions," *Sloan Management Review*, Vol. 40, No. 3, pp. 137-145.

Baron, Reuben M. and David A. Kenny (1986), "The Moderator-Mediator Variable Distinction in Social Psychological Research: Conceptual, Strategic, and Statistical Considerations," *Journal of Personality and Social Psychology*, Vol. 51, No. 6, pp. 1173-1182.

Beck, Norbert and David Rygl (2015), "Categorization of Multiple Channel Retailing in Multi-, Cross-, and Omni-Channel Retailing for Retailers and Retailing," *Journal of Retailing and Consumer Services*, Vol. 27, pp. 170-178.

Bello, Daniel C. and Ritu Lohtia (1995), "Export Channel Design: The Use of Foreign Distributors and Agents," *Journal of the Academy of Marketing Science*, Vol. 23, No. 2, pp. 83-93.

Bettis, Richard A., Constance E. Helfat, and J. Myles Shaver (2016), "The Necessity, Logic, and Forms of Replication," *Strategic Management Journal*, Vol. 37, No. 11, pp. 2193-2203.

Bianchi, Constanza and Abu Saleh (2010), "On Importer Trust and Commitment: A Comparative Study of Two Developing Countries," *International Marketing Review*, Vol. 27, No. 1, pp. 55-86.

Boso, Nathaniel, John W. Cadogan, and Vicky M. Story (2012), "Complementary Effect of Entrepreneurial and Market Orientations on Export New Product Success under Differing Levels of Competitive Intensity and Financial Capital," *International Business Review*, Vol. 21, No. 4, pp. 667-681.

Bradach, Jeffery L. and Robert G. Eccles (1989), "Price, Authority, and Trust: From Ideal Types to Plural Forms," *Annual Review of Sociology*, Vol. 15, No. 1, pp. 97-118.

Breyer, Ralph F. (1934), The Marketing Institution, New York, NY: McGraw-Hill.

Brown, James R., Robert F. Lusch, and Laurie P. Smith (1991), "Conflict and Satisfaction in an Industrial Channel of Distribution," *International Journal of Physical Distribution & Logistics Management*, Vol. 21, No. 6, pp. 15-26.

Brown, James R. and Edward F. Fern (1992), "Conflict in Marketing Channels: The Impact of Dual Distribution," *The International Review of Retail, Distribution and Consumer Research*, Vol. 2, No. 2, pp. 121-132.

Bucklin, Louis P. (1966), *A Theory of Distribution Channel Structure*, Berkeley, CA: University of California, Institute of Business and Economic Research, 田村正紀 訳 (1977), 『流通経路構造論』, 千倉書房.

Bunyaratavej, Kraiwinee, Eugene D. Hahn, and Jonathan P. Doh (2007), "International Offshoring of Services: A Parity Study," *Journal of International Management*, Vol. 13, No. 1, pp. 7-21.

Cadogan, John W. (2012), "International Marketing, Strategic Orientations and Business Success: Reflections on the Path Ahead," *International Marketing Review*, Vol. 29, No. 4, pp. 340-348.

Cadogan, John W., Nathaniel Boso, Vicky M. Story, and Ogechi Adeola (2016), "Export Strategic Orientation-Performance Relationship: Examination of Its Enabling and

Disenabling Boundary Conditions," *Journal of Business Research*, Vol. 69, No. 11, pp. 5046-5052.

Cadogan, John W., Charles C. Cui, and Erik K. Y. Li (2003), "Export Market-Oriented Behavior and Export Performance: The Moderating Roles of Competitive Intensity and Technological Turbulence," *International Marketing Review*, Vol. 20, No. 5, pp. 493-513.

Cadogan, John W. and Adamantios Diamantopoulos (1995), "Narver and Slater, Kohli and Jaworski and the Market Orientation Construct: Integration and Internationalization," *Journal of Strategic Marketing*, Vol. 3, No. 1, pp. 41-60.

Cadogan, John W., Adamantios Diamantopoulos, and Charles P. D. Mortanges (1999), "A Measure of Export Market Orientation: Scale Development and Cross-Cultural Validation," *Journal of International Business Studies*, Vol. 30, No. 4, pp. 689-707.

Cadogan, John W., Adamantios Diamantopoulos, and Judy A. Siguaw (2002), "Export Market-Oriented Activities: Their Antecedents and Performance Consequences," *Journal of International Business Studies*, Vol. 33, No. 3, pp. 615¬-626.

Cadogan, John W., Olli Kuivalainen, and Sanna Sundqvist (2009), "Export Market-Oriented Behavior and Export Performance: Quadratic and Moderating Effects under Differing Degrees of Market Dynamism and Internationalization," *Journal of International Marketing*, Vol. 17, No. 4, pp. 71-89.

Campa, José and Mauro F. Guillén (1999), "The Internalization of Exports: Firm- and Location-Specific Factors in a Middle-Income Country," *Management Science*, Vol. 45, No. 11, pp. 1463-1478.

Campbell, Donald T. (1955), "The Informant in Quantitative Research," *American Journal of Sociology*, Vol. 60, No. 4, pp. 339-342.

Cespedes, Frank V. and E. Raymond Corey (1990), "Managing Multiple Channels," *Business Horizons*, Vol. 33, No. 4, pp. 67-77.

Chang, Kuo-Hsiung and Donald F. Gotcher (2010), "Conflict-Coordination Learning in Marketing Channel Relationships: The Distributor View," *Industrial Marketing Management*, Vol. 39, No. 2, pp. 287-297.

Chen, Chao C., Mike W. Peng, and Patrick A. Saparito (2002), "Individualism,

Collectivism, and Opportunism: A Cultural Perspective on Transaction Cost Economics," *Journal of Management*, Vol. 28, No. 4, pp. 567-583.

Chen, Chuansheng, Shin-Ying Lee, and Harold W. Stevenson, (1995), "Response Style and Cross-Cultural Comparisons of Rating Scales among East Asian and North American Students," *Psychological Science*, Vol. 6, No. 3, pp. 170-175.

Chen, Yu-Shan, Ming-Ji J. Lin, and Ching-Hsun Chang (2009), "The Positive Effects of Relationship Learning and Absorptive Capacity on Innovation Performance and Competitive Advantage in Industrial Markets," *Industrial Marketing Management*, Vol. 38, No. 2, pp. 152-158.

Cho, Hyun-Chul and Shuzo Abe (2013), "Is Two-Tailed Testing for Directional Research Hypotheses Tests Legitimate?" *Journal of Business Research*, Vol. 66, No. 9, pp. 1261-1266.

Choi, Yonghoon and Yoritoshi Hara (2018), "The Performance Effect of Inter-Firm Adaptation in Channel Relationships: The Roles of Relationship-Specific Resources and Tailored Activities," *Industrial Marketing Management*, Vol. 70, pp. 46-57.

Chung, Henry F. L., Cheng L. Wang, and Pei-How Huang (2012), "A Contingency Approach to International Marketing Strategy and Decision-Making Structure among Exporting Firms," *International Marketing Review*, Vol. 29, No. 1, pp. 54-87.

Clark, Fred E. (1922), *Principles of Marketing*, New York, NY: Macmillan.

Claro, Danny P., Denys Vojnovskis, and Carla Ramos (2018), "When Channel Conflict Positively Affect Performance: Evidence from ICT Supplier-Reseller Relationship," *Journal of Business & Industrial Marketing*, Vol. 33, No. 2, pp. 228-239.

Coase, Ronald H. (1937), "The Nature of the Firm," *Economica*, Vol. 4, No. 16, pp. 386-405. 宮沢健一・後藤 晃・藤垣芳文 訳 (1992),『企業・市場・法』, 東洋経済新報社, pp. 39-64所収.

Coelho, Filipe and Chris Easingwood (2008), "A Model of the Antecedents of Multiple Channel Usage," *Journal of Retailing and Consumer Services*, Vol. 15, No. 1, pp. 32-41.

Cohen, Wesley M. and Daniel A. Levinthal (1989) "Innovation and Learning: The Two Faces of R&D," *Economic Journal*, Vol. 99, pp. 569-596.

Cohen, Wesley M. and Daniel A. Levinthal (1990), "Absorptive Capacity: A New

Perspective on Learning and Innovation," *Administrative Science Quarterly*, Vol. 35, No. 1, pp. 128-152.

Copeland, Mervin (1923), "Relation of Consumers' Buying Habits to Marketing Methods," *Harvard Business Review*, Vol. 1, pp. 282-289.

Corsten, Daniel and Nirmalya Kumar (2005), "Do Suppliers Benefit from Collaborative Relationships with Large Retailers? An Empirical Investigation of Efficient Consumer Response Adoption," *Journal of Marketing*, Vol. 69, No. 3, pp. 80-94.

Cortina, Jose M. and Robert G. Folger (1998), "When is It Acceptable to Accept a Null Hypothesis: No Way, Jose?" *Organizational Research Methods*, Vol. 1, No. 3, pp. 334-350.

Covin, Jeffrey G. and Dennis P. Slevin (1989), "Strategic Management of Small Firms in Hostile and Benign Environments," *Strategic Management Journal*, Vol. 10, No. 1, pp. 75-87.

Crook, T. Russell, David J. Ketchen Jr., James G. Combs, and Samuel Y. Todd (2008) "Strategic Resources and Performance: A Meta-Analysis," *Strategic Management Journal*, Vol. 29, No. 11, pp. 1141-1154.

Dant, Rajiv P. and Patrick L. Schul (1982), "Conflict Resolution Processes in Contractual Channels of Distribution," *Journal of Marketing*, Vol. 56, No. 1, pp. 38-54.

Dawson, Jeremy F. (2014), "Moderation in Management Research: What, Why, When, and How," *Journal of Business and Psychology*, Vol. 29, No. 1, pp. 1-19.

Dess, Gregory G. and Richard B. Robinson (1984), "Measuring Organizational Performance in the Absence of Objective Measures: The Case of the Privately-Held Firm and Conglomerate Business Unit," *Strategic Management Journal*, Vol. 5, No. 3, pp. 265-273.

Diamantopoulos, Adamantios and Heidi M. Winklhofer (2001), "Index Construction with Formative Indicators: An Alternative to Scale Development," *Journal of Marketing Research*, Vol. 38, No. 2, pp. 269-277.

Diamantopoulos, Adamantios, Petra Riefler, and Katharina P. Roth (2008), "Advancing Formative Measurement Models," *Journal of Business Research*, Vol. 61, No. 12, pp. 1203-1218.

Duarte, Margarida and Gary Davies (2003), "Testing the Conflict-Performance Assumption in Business-to-Business Relationships," *Industrial Marketing Management*, Vol. 32, No. 2, pp. 91-99.

Duncan, Carson S. (1920), *Marketing: Its Problems and Methods*, New York, NY: Appleton.

Dutta, Shantanu, Mark Bergen, Jan B. Heide, and George John (1995), "Understanding Dual Distribution: The Case of Reps and House Accounts," *Journal of Law, Economics, & Organization*, Vol. 11, No. 1, pp. 189-204.

Dwyer, F. Robert, Paul H. Schurr, and Sejo Oh (1987), "Developing Buyer-Seller Relationships," *Journal of Marketing*, Vol. 51, No. 2, pp. 11-27.

Dyer, Jeffrey H. and Harbir Singh (1998), "The Relational View: Cooperative Strategy and Sources of Interorganizational Competitive Advantage," *Academy of Management Review*, Vol. 23, No. 4, pp. 660-679.

Eliashberg, Jehoshua and Donald A. Michie (1984), "Multiple Business Goals Sets as Determinants of Marketing Channel Conflict: An Empirical Study," *Journal of Marketing Research*, Vol. 21, No. 1, pp. 75-88.

Etgar, Michael (1978), "Intrachannel Conflict and Use of Power," *Journal of Marketing Research*, Vol. 15, No. 2, pp. 273-274.

Etgar, Michael (1979), "Sources and Types of Intrachannel Conflict," *Journal of Retailing*, Vol. 55. No. 1, pp. 61-78.

Eyuboglu, Nermin and Sertan Kabadayi (2005), "Dealer-Manufacturer Alienation in a Multiple Channel System: The Moderating Effect of Structural Variables," *Journal of Marketing Channels*, Vol. 12, No. 3, pp. 5-26.

Eyuboglu, Nermin, Sertan Kabadayi, and Andreas Buja (2017), "Multiple Channel Complexity: Conceptualization and Measurement," *Industrial Marketing Management*, Vol. 65, pp. 194-205.

Fein, Adam J. and Erin Anderson (1997), "Patterns of Credible Commitments: Territory and Brand Selectivity in Industrial Distribution Channels," *Journal of Marketing*, Vol. 61, No. 2, pp. 19-34.

Fornell, Claes and David F. Larcker (1981), "Structural Equation Models with

Unobservable Variables and Measurement Error: Algebra and Statistics," *Journal of Marketing Research*, Vol. 18, No. 3, pp. 382-388.

Foss, Nicolai J. (1997), "Resources and Strategy: A Brief Overview of Themes and Contributions," in *Resources, Firms and Strategies: A Reader in the Resource-Based Perspective*, Nicolai J. Foss, ed. New York, NY: Oxford University Press, pp. 3-18.

Frank, Björn, Gulimire Abulaiti, Boris H. Torrico, and Takao Enkawa (2013), "How Do Asia's Two Most Important Consumer Markets Differ? Japanese-Chinese Differences in Customer Satisfaction and Its Formation," *Journal of Business Research*, Vol. 66, No. 12, pp. 2397-2405.

Frazier, Gary L. (1999), "Organizing and Managing Channels of Distribution," *Journal of the Academy of Marketing Science*, Vol. 27, No. 2, pp. 226-240.

Frazier, Gary L. and Walfried M. Lassar (1996), "Determinants of Distribution Intensity," *Journal of Marketing*, Vol. 60, No. 4, pp. 39-51.

Frazier, Gary L., Elliot Maltz, Kersi D. Antia, and Aric Rindfleisch (2009), "Distributor Sharing of Strategic Information with Suppliers," *Journal of Marketing*, Vol. 73, No. 4, pp. 31-43.

Fürst, Andreas, Martin Leimbach, and Jana-Kristin Prigge (2017), "Organizational Multichannel Differentiation: An Analysis of Its Impact on Channel Relationships and Company Sales Success," *Journal of Marketing*, Vol. 81, No. 1, pp. 59-82.

Ganesan, Shankar (1993), "Negotiation Strategies and the Nature of Channel Relationships," *Journal of Marketing Research*, Vol. 30, No. 2, pp. 183-203.

Gaski, John F. (1984), "The Theory of Power and Conflict in Channels of Distribution," *Journal of Marketing*, Vol. 48, No. 3, pp. 9-29.

Gaski, John F. and John R. Nevin (1985), "The Differential Effects of Exercised and Unexercised Power Sources in a Marketing Channel," *Journal of Marketing Research*, Vol. 22, No. 2, pp. 130-142.

Geert Hofstede's website (http://geerthofstede.com/) [最終アクセス 2022/04/25]

Geyskens, Inge, Jan-Benedict E. M. Steenkamp, and Nirmalya Kumar (2006), "Make, Buy, or Ally: A Transaction Cost Theory Meta-Analysis," *Academy of Management Journal*, Vol. 49, No. 3, pp. 519-543.

Grewal, Rajdeep and Gary L. Lilien (2012), "Business-to-business Marketing: Looking Back, Looking Forward," in *Handbook of Business-to-Business Marketing*, Grewal, Rajdeep and Gary L. Lilien, eds. Northampton, MA: Edward Elgar Publishing, pp. 3-12.

Grewal, Rajdeep, Amit Saini, Alok Kumar, F. Robert Dwyer, and Robert Dahlstrom (2018), "Marketing Channel Management by Multinational Corporations in Foreign Markets," *Journal of Marketing*, Vol. 82, No. 4, pp. 49-69.

Gulbrandsen, Boge, Kåre Sandvik, and Sven A. Haugland (2009), "Antecedents of Vertical Integration: Transaction Cost Economics and Resource-Based Explanations," *Journal of Purchasing and Supply Management*, Vol. 15, No. 2, pp. 89-102.

He, Xinming, Keith D. Brouthers, and Igor Filatotchev (2013), "Resource-Based and Institutional Perspectives on Export Channel Selection and Export Performance," *Journal of Management*, Vol. 39, No. 1, pp. 27-47.

He, Zi-Lin and Poh-Kam Wong (2004), "Exploration vs. Exploitation: An Empirical Test of the Ambidexterity Hypothesis," *Organization Science*, Vol. 15, No. 4, pp. 481-494.

Heide, Jan B. (1994), "Interorganizational Governance in Marketing Channels," *Journal of Marketing*, Vol. 58, No. 1, pp. 71-85.

Heide, Jan B. (2003), "Plural Governance in Industrial Purchasing," *Journal of Marketing*, Vol. 67, No. 4, pp. 18-29.

Heide, Jan B. and George John (1990), "Alliances in Industrial Purchasing: The Determinants of Joint Action in Buyer-Supplier Relationships," *Journal of Marketing Research*, Vol. 27, No. 1, pp. 24-36.

Heide, Jan B. and George John (1992), "Do Norms Matter in Marketing Relationships?" *Journal of Marketing*, Vol. 56, No. 2, pp. 32-44.

Hofstede, Geert (1980), *Culture's Consequences: International Differences in Work-Related Values*, Beverly Hills, CA: Sage Publications.

Hofstede, Geert, Geert J. Hofstede, and Michael Minkov (2010), *Cultures and Organizations: Software of the Mind*, New York, NY: McGraw-Hill.

Homburg, Christian, Halina Wilczek, and Alexander Hahn (2014), "Looking beyond the Horizon: How to Approach the Customers' Customers in Business-to-Business

Markets," *Journal of Marketing*, Vol. 78, No. 5, pp. 58-77.

Homburg, Christian, Arnd Vomberg, and Stephan Muehlhaeuser (2020), "Design and Governance of Multichannel Sales Systems : Financial Performance Consequences in Business-to-Business Markets," *Journal of Marketing Research*, Vol. 57, No. 6, pp. 1113-1134.

Hoppner, Jessica J. and David A. Griffith (2015), "Looking Back to Move Forward: A Review of the Evolution of Research in International Marketing Channels," *Journal of Retailing*, Vol. 91, No. 4, pp. 610-626.

Hughes, Mathew and Robert E. Morgan (2007), "Deconstructing the Relationship between Entrepreneurial Orientation and Business Performance at the Embryonic Stage of Firm Growth," *Industrial Marketing Management*, Vol. 36, No. 5, pp. 651-661.

Hulland, John, Hans Baumgartner, and Keith M. Smith (2018), "Marketing Survey Research Best Practices: Evidence and Recommendations from a Review of JAMS Articles," *Journal of the Academy of Marketing Science*, Vol. 46, No. 1, pp. 92-108.

Hult, G. Tomas M., David J. Ketchen Jr, and Stanley F. Slater (2005), "Market Orientation and Performance: An Integration of Disparate Approaches," *Strategic Management Journal*, Vol. 26, No. 12, pp. 1173-1181.

Hunt, Shelby D., Nina M. Ray, and R. Van Wood (1985), "Behavioral Dimensions of Channels of Distribution: Review and Synthesis," *Journal of the Academy of Marketing Science*, Vol. 13, No. 3, pp. 1-24.

Ishii, Ryuta (2020), "Conflict Management in Dual Distribution Channel Systems: The Moderating Role of Learning Capabilities," *Journal of Asia Business Studies*, Vol. 14, No. 4, pp. 525-540.

Ishii, Ryuta (2022), "Dual Distribution Channels in Foreign Markets: A Capability-Based Analysis," *International Journal of Marketing & Distribution*, Vol. 5, No. 1, pp. 1-15.

Jambulingam, Thanigavelan, Ravi Kathuria, and William R. Doucette (2005), "Entrepreneurial Orientation as a Basis for Classification within a Service Industry: The Case of Retail Pharmacy Industry," *Journal of Operations Management*, Vol. 23, No. 1, pp. 23-42.

Jap, Sandy D. (1999), "Pie-Expansion Efforts: Collaboration Processes in Buyer-Supplier

Relationships," *Journal of Marketing Research*, Vol. 36, No. 4, pp. 461-475.

Jaworski, Bernard J. and Ajay K. Kohli (1993), "Market Orientation: Antecedents and Consequences," *Journal of Marketing*, Vol. 57, No. 3, pp. 53-70.

Jindal, Rupinder P., Werner Reinartz, Manfred Kraff, and Wayne D. Hoyer (2007), "Determinants of the Variety of Routes to Market," *International Journal of Research in Marketing*, Vol. 24, No. 1, pp. 17-29.

John, George and Torger Reve (2010), "Transaction Cost Analysis in Marketing: Looking Back, Moving Forward," *Journal of Retailing*, Vol. 86, No. 3, pp. 248-256.

John, George and Barton A. Weitz (1988), "Forward Integration into Distribution: An Empirical Test of Transaction Cost Analysis," *Journal of Law, Economics, and Organization*, Vol. 4, No. 2, pp. 337-355.

Johnson, Jean L., Ravipreet S. Sohi, and Rajdeep Grewal (2004), "The Role of Relational Knowledge Stores in Interfirm Partnering," *Journal of Marketing*, Vol. 68, No. 3, pp. 21-36.

Jones, D. G. Brian and Eric H. Shaw (2002), "A History of Marketing Thought," in *Handbook of Marketing*, Barton A. Weitz and Robin Wensley, eds. London, UK: Sage Publications, pp. 39-65.

Kabadayi, Sertan (2008), "Adding Direct or Independent Channels to Multiple Channel Mix," *Direct Marketing: An International Journal*, Vol. 2, No. 2, pp. 66-80.

Kabadayi, Sertan (2011), "Choosing the Right Multiple System to Minimize Transaction Costs," *Industrial Marketing Management*, Vol. 40, No. 5, pp. 763-773.

Kabadayi, Sertan, Nermin Eyuboglu, and Gloria P. Thomas (2007), "The Performance Implications of Designing Multiple Channels to Fit with Strategy and Environment," *Journal of Marketing*, Vol. 71, No. 4, pp. 195-211.

Käuferle, Monika and Werner Reinartz (2015), "Distributing through Multiple Channels in Industrial Wholesaling: How Many and How Much?" *Journal of the Academy of Marketing Science*, Vol. 43, No. 6, pp. 746-767.

Kaufmann, Patrick J. and Rajiv P. Dant (1992), "The Dimensions of Commercial Exchange," *Marketing Letters*, Vol. 3, No. 2, pp. 171-185.

Kim, Keysuk and Gary L. Frazier (1997), "Measurement of Distributor Commitment in

Industrial Channels of Distribution," *Journal of Business Research*, Vol. 40, No. 2, pp. 139-154.

Kirzner, Israel M. (1973), *Competition and Entrepreneurship*, Chicago, IL: University of Chicago Press.

Klein, Saul, Gary L. Frazier, and Victor J. Roth (1990), "A Transaction Cost Analysis Model of Channel Integration in International Markets," *Journal of Marketing Research*, Vol. 27, No. 2, pp. 196-208.

Kogut, Bruce and Harbir Singh (1988), "The Effect of National Culture on the Choice of Entry Mode," *Journal of International Business Studies*, Vol. 19, No. 3, pp. 411-432.

Kohli, Ajay K. and Bernard J. Jaworski (1990), "Market Orientation: The Construct, Research Propositions, and Managerial Implications," *Journal of Marketing*, Vol. 54, No. 2, pp. 1-18.

Kohli, Ajay K., Bernard J. Jaworski, and Ajith Kumar (1993), "MARKOR: A Measure of Market Orientation," *Journal of Marketing Research*, Vol. 30, No. 4, pp. 467 -477.

Kozlenkova, Irina V., G. Tomas M. Hult, Donald J. Lund, Jeannette A. Mena, and Pinar Kekec (2015), "The Role of Marketing Channels in Supply Chain Management," *Journal of Retailing*, Vol. 91, No. 4, pp. 586-609.

Kozlenkova, Irina V., Stephen A. Samaha, and Robert W. Palmatier (2014), "Resource-Based Theory in Marketing," *Journal of the Academy of Marketing Science*, Vol. 42, No. 1, pp. 1-21.

Koza, Karen L. and Rajiv P. Dant (2007), "Effects of Relationship Climate, Control Mechanism, and Communications on Conflict Resolution Behavior and Performance Outcomes," *Journal of Retailing*, Vol. 83, No. 3, pp. 279-296.

Krafft, Manfred, Oliver Goetz, Murali Mantrala, Francesca Sotgiu, and Sebastian Tillmanns (2015), "The Evolution of Marketing Channel Research Domains and Methodologies: An Integrative Review and Future Directions," *Journal of Retailing*, Vol. 91, No. 4, pp. 569-585.

Kropp, Fredric, Noel J. Lindsay, and Aviv Shoham (2006), "Entrepreneurial, Market, and Learning Orientations and International Entrepreneurial Business Venture Performance in South African Firms," *International Marketing Review*, Vol. 23, No. 5, pp. 504-523.

Kwon, Eun S., Yan Shan, Joong S. Lee, and Leonard N. Reid (2017), "Inter-Study and Intra-Study Replications in Leading Marketing Journals: A Longitudinal Analysis," *European Journal of Marketing*, Vol. 51, No. 1, pp. 257-278.

Lane, Peter J., Balaji R. Koka, and Seemantini Pathak (2006), "The Reification of Absorptive Capacity: A Critical Review and Rejuvenation of the Construct," *Academy of Management Review*, Vol. 31, No. 4, pp. 833-863.

Lane, Peter J. and Michael Lubatkin (1998), "Relative Absorptive Capacity and Interorganizational Learning," *Strategic Management Journal*, Vol. 19, No. 5, pp. 461-477.

Langlois, Richard N. and Paul L. Robertson (1995), *Firms, Markets and Economic Change: A Dynamic Theory of Business Institutions*, London, UK: Routledge, 谷口和弘訳 (2004), 『企業制度の理論：ケイパビリティ・取引費用・組織境界』, NTT 出版.

Laukkanen, Tommi, Gábor Nagy, Saku Hirvonen, Helen Reijonen, and Mika Pasanen (2013), "The Effect of Strategic Orientations on Business Performance in SMEs," *International Marketing Review*, Vol. 30 No. 6, pp. 510-535.

Lavie, Dovev (2006), "The Competitive Advantage of Interconnected Firms: An Extension of the Resource-Based View," *Academy of Management Review*, Vol. 31, No. 3, pp. 638-658.

Lee, Don Y. (2001), "Power, Conflict and Satisfaction in IJV Supplier—Chinese Distributor Channels," *Journal of Business Research*, Vol. 52, No. 2, pp. 149-160.

Li, Min, Xinming He, and Carlos M. P. Sousa (2017), "A Review of the Empirical Research on Export Channel Selection between 1979 and 2015," *International Business Review*, Vol. 26, No. 2, pp. 303-323.

Li, Yuan, Victor Cui, and Heng Liu (2017), "Dyadic Specific Investments, Absorptive Capacity, and Manufacturers' Market Knowledge Acquisition: Evidence from Manufacturer-Distributor Dyads," *Journal of Business Research*, Vol. 78, pp. 323-331.

Lilien, Gary L. (1979), "Exceptional Paper —— ADVISOR 2: Modeling the Marketing Mix Decision for Industrial Products ——," *Management Science*, Vol. 25, No. 2, pp.191-204.

Lin, Jiun-Sheng C. and Ching-Rung Chen (2008), "Determinants of Manufacturers' Selection of Distributors," *Supply Chain Management: An International Journal*, Vol. 13, No. 5, pp. 356-365.

Lindell, Michael K. and David J. Whitney (2001), "Accounting for Common Method Variance in Cross-Sectional Research Designs," *Journal of Applied Psychology*, Vol. 86, No. 1, pp. 114-121.

Liu, Yi, Yuan Li, and Jiaqi Xue (2010), "Transfer of Market Knowledge in a Channel Relationship: Impacts of Attitudinal Commitment and Satisfaction," *Industrial Marketing Management*, Vol. 39, No. 2, pp. 229-239.

Lumpkin, G. Tom and Gregory G. Dess (1996), "Clarifying the Entrepreneurial Orientation Construct and Linking It to Performance," *Academy of Management Review*, Vol. 21, No. 1, pp. 135-172.

Luo, Xueming, K. Sivakumar, and Sandra S. Liu (2005), "Globalization, Marketing Resources, and Performance: Evidence from China," *Journal of the Academy of Marketing Science*, Vol. 33, No. 1, pp. 50-65.

Lusch, Robert F. (1976a), "Sources of Power: Their Impact on Intrachannel Conflict," *Journal of Marketing Research*, Vol. 13, No. 4, pp. 382-390.

Lusch, Robert F. (1976b), "Channel Conflict: Its Impact on Retailer Operating Performance," *Journal of Retailing*, Vol. 52, No. 2, pp. 3-12, 89-91.

Lusch, Robert F. (1978), "Intrachannel Conflict and Use of Power: A Reply," *Journal of Marketing Research*, Vol. 15, No. 2, pp. 275-276.

Lusch, Robert F. and James R. Brown (1996), "Interdependency, Contracting, and Relational Behavior in Marketing Channels," *Journal of Marketing*, Vol. 60, No. 4, pp. 19-38.

MacKenzie, Scott B. and Philip M. Podsakoff (2012), "Common Method Bias in Marketing: Causes, Mechanisms, and Procedural Remedies," *Journal of Retailing*, Vol. 88, No. 4, pp. 542-555.

Madhok, Anoop (1997), "Cost, Value and Foreign Market Entry Mode: The Transaction and the Firm," *Strategic Management Journal*, Vol. 18, No. 1, pp. 39-61.

Madhok, Anoop (2002), "Reassessing the Fundamentals and Beyond: Ronald Coase, the

Transaction Cost and Resource-Based Theories of the Firm and the Institutional Structure of Production," *Strategic Management Journal*, Vol. 23, No. 6, pp. 535-550.

Mahoney, Joseph T. and Steven C. Michael (2005), "A Subjectivist Theory of Entrepreneurship," in *Handbook of Entrepreneurship Research*, Sharon A. Alvarez, Rajshree Agarwal, and Olav Sorenson, eds. Boston, MA: Springer, pp. 33-54.

Mason, Charlotte H. and William D. Perreault, Jr. (1991), "Collinearity, Power, and Interpretation of Multiple Regression Analysis", *Journal of Marketing Research*, Vol. 28, No. 3, pp. 268-280

McCarthy, E. Jerome (1960), *Basic Marketing: A Managerial Approach*, Homewood, IL: Richard D. Irwin, 粟屋義純 監訳 (1978), 「ベーシック・マーケティング」, 東京教学社.

McNaughton, Rod. B. (2002), "The Use of Multiple Export Channels by Small Knowledge-Intensive Firms," *International Marketing Review*, Vol. 19, No. 2, pp. 190-203.

Miller, Danny (1983), "The Correlates of Entrepreneurship in Three Types of Firms," *Management Science*, Vol. 29, No. 7, pp. 770-791.

Miracle, Gordon E. (1965), "Product Characteristics and Marketing Strategy," *Journal of Marketing*, Vol. 29, No. 1, pp. 18-24.

Mohr, Jakki and Robert Spekman (1994), "Characteristics of Partnership Success: Partnership Attributes, Communication Behavior, and Conflict Resolution Techniques," *Strategic Management Journal*, Vol. 15, No. 2, pp. 135-152.

Mols, Niels P. (2000), "Dual Channels of Distribution: A Transaction Cost Analysis and Propositions," *International Review of Retail, Distribution and Consumer Research*, Vol. 10, No. 3, pp. 227-246.

Mols, Niels P., Jesper R. Hansen, and Andres R. Villadsen (2012), "Plural Governance: The Effect of Internal Production on Supplier Performance," *Industrial Marketing Management*, Vol. 41, No. 5, pp. 874-885.

Morgan, Neil A., Douglas W. Vorhies, and Charlotte H. Mason (2009), "Market Orientation, Marketing Capabilities, and Firm Performance," *Strategic Management Journal*, Vol. 30, No. 8, pp. 909-920.

Morgan, Robert M. and Shelby D. Hunt (1994), "The Commitment-Trust Theory of

Relationship Marketing," *Journal of Marketing*, Vol. 58, No. 3, pp. 20-38.

Moriarty, Rowland T. and Ursula Moran (1990), "Managing Hybrid Marketing Systems," *Harvard Business Review*, Vol. 68, No. 6, pp. 146-155.

Murray, Janet Y., Gerald Y. Gao, and Masaaki Kotabe (2011), "Market Orientation and Performance of Export Ventures: The Process through Marketing Capabilities and Competitive Advantages," *Journal of the Academy of Marketing Science*, Vol. 39, No. 2, pp. 252-269.

Myers, Matthew B. and Mee-Shew Cheung (2008), "Sharing Global Supply Chain Knowledge," *MIT Sloan Management Review*, Vol. 49, No. 4, pp. 67-73.

Narver, John C. and Stanley F. Slater (1990), "The Effect of a Market Orientation on Business Profitability," *Journal of Marketing*, Vol. 54, No. 4, pp. 20-35.

Newbert, Scott L. (2007), "Empirical Research on the Resource-Based View of the Firm: An Assessment and Suggestions for Future Research," *Strategic Management Journal*, Vol. 28, No. 2, pp. 121-146.

Noordhoff Corine S., Kyriakos Kyriakopoulos, Christine Moorman, Pieter Pauwels, and Benedict G. C. Dellaert (2011), "The Bright Side and Dark Side of Embedded Ties in Business-to-Business Innovation," *Journal of Marketing*, Vol. 75, No. 5, pp. 34-52.

Nunnally, Jum C. (1978), *Psychometric Methods* (2nd edition), New York, NY: McGraw-Hill.

Oliveira, João S., Nahid Yazdani, John W. Cadogan, Ian R. Hodgkinson, Eleni Tsougkou, Ruey-Jer "Bryan" Jeanc, Vicky M. Story, and Nathaniel Boso (2018), "The Empirical Link between Export Entry Mode Diversity and Export Performance: A Contingency- and Institutional-Based Examination," *Journal of Business Research*, Vol. 88, pp. 505-512.

Ono, Akinori and Tomokazu Kubo (2009), "Manufacturers' Intention to Extend the Relationships with Distributors," *Journal of Business & Industrial Marketing*, Vol. 24, No. 5/6, pp. 439-448.

Palmatier, Robert W., Rajiv P. Dant, and Dhruv Grewal (2007), "A Comparative Longitudinal Analysis of Theoretical Perspectives of Interorganizational Relationship Performance," *Journal of Marketing*, Vol. 71, No. 4, pp. 172-194.

Palmatier, Robert W., Louis W. Stern, and Adel El-Ansary (2014), *Marketing Channel Strategy* (8th edition), Upper Saddle River, NJ: Pearson Prentice Hall.

Parmigiani, Anne (2007), "Why Do Firms Both Make and Buy? An Investigation of Concurrent Sourcing," *Strategic Management Journal*, Vol. 28, No. 3, pp. 285-311.

Penrose, Edith T. (1959), *The Theory of the Growth of the Firm*, New York, NY: John Wiley, 日高千景 訳 (2010), 『企業成長の理論 第3版』, ダイヤモンド社.

Peteraf, Margaret A. (1993), "The Cornerstones of Competitive Advantage: A Resource-Based View," *Strategic Management Journal*, Vol. 14, No. 3, pp. 179-191.

Peteraf, Margaret A. and Jay B. Barney (2003), "Unraveling the Resource-Based Tangle," *Managerial and Decision Economics*, Vol. 24, No. 4, pp. 309-323.

Pehrsson, Tobias (2015), "Market Entry Mode and Performance: Capability Alignment and Institutional Moderation," *International Journal of Business and Globalisation*, Vol. 15, No. 4, pp. 508-527.

Podsakoff, Philip M., Scott B. MacKenzie, Jeong-Yeon Lee, and Nathan P. Podsakoff (2003), "Common Method Biases in Behavioral Research: A Critical Review of the Literature and Recommended Remedies," *Journal of Applied Psychology*, Vol. 88, No. 5, pp. 879-903.

Pondy, Louis R (1967), "Organizational Conflict: Concepts and Models," *Administrative Science Quarterly*, Vol. 12, No. 2, pp. 296-320.

Poppo, Laura and Todd Zenger (1998), "Testing Alternative Theories of the Firm: Transaction Cost, Knowledge-Based, and Measurement Explanations for Make-or-Buy Decisions in Information Services," *Strategic Management Journal*, Vol. 19, No. 9, pp. 853-877.

Porter, Michael (1980), *Competitive Strategy*, New York, NY: Free Press.

Pratt, Michael G., Sarah Kaplan, and Richard Whittington (2020), "Editorial Essay: The Tumult over Transparency: Decoupling Transparency from Replication in Establishing Trustworthy Qualitative Research," *Administrative Science Quarterly*, Vol. 65, No. 1, pp. 1-19.

Priem, Richard L. and John E. Butler (2001), "Is the Resource-Based "View" a Useful Perspective for Strategic Management Research?" *Academy of Management Review*,

Vol. 26, No. 1, pp. 22-40.

Prior, Daniel D. (2012), "The Effects of Buyer-Supplier Relationships on Buyer Competitiveness," *Journal of Business & Industrial Marketing*, Vol. 27, No. 2, pp. 100-114.

Rangan, V. Kasturi, Melvyn A. J. Menezes, and E. P. Maier (1992), "Channel Selection for New Industrial Products: A Framework, Method, and Application," *Journal of Marketing*, Vol. 56, No. 3, pp. 69-82.

Rauch, Andreas, Johan Wiklund, G. Tom Lumpkin, and Michael Frese (2009), "Entrepreneurial Orientation and Business Performance: An Assessment of Past Research and Suggestions for the Future," *Entrepreneurship Theory and Practice*, Vol. 33, No. 3, pp. 761-787.

Reve, Torger and Louis W. Stern (1979), "Interorganizational Relations in Marketing Channels," *Academy of Management Review*, Vol. 4, No. 3, pp. 405-416.

Richey, R. Glenn, Mert Tokman, and Vivek Dalela (2010), "Examining Collaborative Supply Chain Service Technologies: A Study of Intensity, Relationships, and Resources," *Journal of the Academy of Marketing Science*, Vol. 38, No. 1, pp. 71-89.

Rindfleisch, Aric and Christine Moorman (2001), "The Acquisition and Utilization of Information in New Product Alliances: A Strength-of-Ties Perspective," *Journal of Marketing*, Vol. 65, No. 2, pp. 1-18.

Rindfleisch, Aric, Alan J. Malter, Shankar Ganesan, and Christine Moorman (2008), "Cross-Sectional versus Longitudinal Survey Research: Concepts, Findings, and Guidelines," *Journal of Marketing Research*, Vol. 45, No. 3, pp. 261-279.

Rindfleisch, Aric, Kersi Antia, Janet Bercovitz, James R. Brown, Joseph Cannon, Stephen J. Carson, Mrinal Ghosh, Susan Helper, Diana C. Robertson, and Kenneth H. Wathne (2010), "Transaction Costs, Opportunism, and Governance: Contextual Considerations and Future Research Opportunities," *Marketing Letters*, Vol. 21, No. 3, pp. 211-222.

Rosen, Christian, Marjaana Gunkel, and Christopher Schlaegel (2014), "Determinants and Outcomes of Dual Distribution: An International Study," *Management Research Review*, Vol. 37, No. 11, pp. 944-969.

Rosenberg, Larry J. and Louis W. Stern (1971), "Conflict Measurement in the Distribution Channel," *Journal of Marketing Research*, Vol. 8, No. 4, pp. 437-442.

Rosenbloom, Bert (2012), *Marketing Channels: A Management View* (8th edition), Mason, OH: South-Westin.

Rosenbloom, Bert (1973), "Conflict and Channel Efficiency: Some Conceptual Models for the Decision Maker," *Journal of Marketing*, Vol. 37, No. 3, pp. 26-30.

Royne, Marla B. (2018), "Why We Need More Replication Studies to Keep Empirical Knowledge in Check: How Reliable Is Truth in Advertising Research?" *Journal of Advertising Research*, Vol. 58, No. 1, pp. 3-7.

Rubin, Paul H. (1978), "The Theory of the Firm and the Structure of the Franchise Contract," *Journal of Law and Economics*, Vol. 21, No. 1, pp. 223-233.

Samaha, Stephen A., Robert W. Palmatier, and Rajiv P. Dant (2011), "Poisoning Relationships: Perceived Unfairness in Channels of Distribution," *Journal of Marketing*, Vol. 75, No. 3, pp. 99-117.

Sa Vinhas, Alberto and Erin Anderson (2005), "How Potential Conflict Drives Channel Structure: Concurrent (Direct and Indirect) Channels," *Journal of Marketing Research*, Vol. 42, No. 4, pp. 507-515.

Sa Vinhas, Alberto and Erin Anderson (2008), "The Antecedents of Double Compensation in Concurrent Channel Systems in Business-to-Business Markets," *Journal of Personal Selling & Sales Management*, Vol. 28, No. 2, pp. 133-144.

Sa Vinhas, Alberto, Jan B. Heide, and Sandy D. Jap (2012), "Consistency Judgments, Embeddedness, and Relationship Outcomes in Interorganizational Networks," *Management Science*, Vol. 58, No. 5, pp. 996-1011.

Sa Vinhas, Alberto, Sharmila Chatterjee, Shantanu Dutta, Adam Fein, Joseph Lajos, Scott Neslin, Lisa Scheer, William Ross, and Qiong Wang (2010), "Channel Design, Coordination, and Performance: Future Research Directions," *Marketing Letters*, Vol. 21, No. 3, pp. 223-237.

Sa Vinhas, Alberto and Jan B. Heide (2015), "Forms of Competition and Outcomes in Dual Distribution Channels: The Distributor's Perspective," *Marketing Science*, Vol. 34. No. 1, pp. 160-175.

Saghiri, Soroosh, Richard Wilding, Carlos Mena, and Michael Bourlakis (2017), "Toward a Three-Dimensional Framework for Omni-Channel," *Journal of Business Research*, Vol. 77, pp. 53-67.

Schumpeter, Joseph A. (1934), *The Theory of Economic Development*, Cambridge, MA: Harvard University Press.

Sharma, Varinder M. and M. Krishna Erramilli (2004), "Resource-Based Explanation of Entry Mode Choice," *Journal of Marketing Theory and Practice*, Vol. 12, No. 1, pp. 1-18.

Shaw, Arch W. (1912), "Some Problems in Market Distribution," *Quarterly Journal of Economiy*, Vol. 26, No. 4, pp. 703-765.

Shervani, Tasadduq A., Gary Frazier, and Goutam Challagalla (2007), "The Moderating Influence of Firm Market Power on the Transaction Cost Economics Model: An Empirical Test in a Forward Channel Integration Context," *Strategic Management Journal*, Vol. 28, No. 6, pp. 635-652.

Skarmeas, Dionysis, Athina Zeriti, and George Baltas (2016), "Relationship Value: Drivers and Outcomes in International Marketing Channels," *Journal of International Marketing*, Vol. 24, No. 1, pp. 22-40.

Skinner, Steven J., Jule B. Gassenheimer, and Scott W. Kelley (1992), "Cooperation in Supplier-Dealer Relations," *Journal of Retailing*, Vol. 68, No. 2, pp. 174-193.

Srivastava, Rajendra K., Tasadduq A. Shervani, and Liam Fahey (1998), "Market-Based Assets and Shareholder Value: A Framework for Analysis," *Journal of Marketing*, Vol. 62, No. 1, pp. 2-18.

Stern, Louis W. (1969), *Distribution Channels: Behavioral Dimensions*, Boston, MA: Houghton Mifflin Harcourt.

Stern, Louis W. and A. El-Ansary (1988), *Marketing Channels* (3rd edition), Englewood Cliffs, NJ: Prentice-Hall.

Stern, Louis W., Brian Sternthal, and C. Samuel Craig (1973), "Managing Conflict in Distribution Channels: A Laboratory Study," *Journal of Marketing Research*, Vol. 10, No. 2, pp. 169-179.

Sundqvist, Sanna, Kalevi Kyläheiko, Olli Kuivalainen, and John W. Cadogan (2012),

"Kirznerian and Schumpeterian Entrepreneurial-Oriented Behavior in Turbulent Export Markets," *International Marketing Review*, Vol. 29, No. 2, pp. 203-219.

Swain, Scott D., Danny Weathers, and Ronald W. Niedrich (2008), "Assessing Three Sources of Misresponse to Reversed Likert Items," *Journal of Marketing Research*, Vol. 45, No. 1, pp. 116-131.

Takata, Hidesuke (2019), "Transaction Costs and Capability Factors in Dual or Indirect Distribution Channel Selection: An Empirical Analysis of Japanese Manufacturers," *Industrial Marketing Management*, Vol. 83, pp. 94-103.

Tang, Thuong Phat, Xiaorong Fu, and Qinghong Xie (2017), "Influence of Functional Conflicts on Marketing Capability in Channel Relationships," *Journal of Business Research*, Vol. 78, pp. 252-260.

Tzokas, Nikolaos, Young A. Kim, Hammad Akbar, and Haya Al-Dajani (2015), "Absorptive Capacity and Performance: The Role of Customer Relationship and Technological Capabilities in High-Tech SMEs," *Industrial Marketing Management*, Vol. 47, pp. 134-142.

Vaaland, Terje I., Sven A. Haugland, and Sharon Purchase (2004), "Why Do Business Partners Divorce? The Role of Cultural Distance in Inter-Firm Conflict Behavior," *Journal of Business-to-Business Marketing*, Vol. 11, No. 4, pp. 1-21.

Vaile, Roland S., Ewald T. Grether, and Reavis Cox (1952), *Marketing in the American Economy*, New York, NY: Ronald Press.

Van Bruggen, Gerrit H., Kersi D. Antia, Sandy D. Jap, Werner J. Reinartz, and Florian Pallas (2010), "Managing Marketing Channel Multiplicity," *Journal of Service Research*, Vol. 13, No. 3, pp. 331-340.

Verhoef, Peter C., P. K. Kannan, and J. Jeffrey Inman (2015), "From Multi-Channel Retailing to Omni-Channel Retailing: Introduction to the Special Issue on Multi-Channel Retailing," *Journal of Retailing*, Vol. 91, No. 2, pp. 174-181.

Warshaw, Martin R. (1961), *Effective Selling Through Wholesalers* (Michigan Business Studies, Vol. 15, No. 4), Ann Arbor, MI: Literary Licensing LLC.

Watson, George F., Stefan Worm, Robert W. Palmatier, and Shankar Ganesan (2015), "The Evolution of Marketing Channels: Trends and Research Directions," *Journal of*

Retailing, Vol. 91, No. 4, pp. 546-568.

Webb, Kevin L. and John E. Hogan (2002), "Hybrid Channel Conflict: Causes and Effects on Channel Performance," *Journal of Business & Industrial Marketing*, Vol. 17, No. 5, pp. 338-356.

Webb, Kevin L. and C. Jay Lambe (2007), "Internal Multi-Channel Conflict: An Exploratory Investigation and Conceptual Framework," *Industrial Marketing Management*, Vol. 36, No. 1, pp. 29-43.

Webster, Frederick E. (1991), *Industrial Marketing Strategy* (3rd edition), New York, NY: John Wiley & Sons.

Weld, Louis D. H. (1917) "Marketing Functions and Mercantile Organization," *American Economic Review*, Vol. 7, No. 2, pp. 306-318.

Wernerfelt, Birger (1984), "A Resource-Based View of the Firm," *Strategic Management Journal*, Vol. 5, No. 2, pp. 171-180.

White, Percival (1927), *Scientific Marketing Management: Its Principles and Methods*, New York, NY: Harper Bros.

Wiklund, Johan and Dean A. Shepherd (2011), "Where to from Here? EO-as-Experimentation, Failure, and Distribution of Outcomes," *Entrepreneurship Theory and Practice*, Vol. 35, No. 5, pp. 925-946.

Wilkinson, Ian (1981), "Power, Conflict, and Satisfaction in Distribution Channels—An Empirical Study," *International Journal of Physical Distribution & Materials Management*, Vol. 11, No. 7, pp. 20-30.

Williamson, Oliver E. (1975), *Markets and Hierarchies: Analysis and Antitrust Implications*, New York, NY: Free Press, 浅沼萬里・岩崎 晃 訳 (1980), 『市場と企業組織』, 日本評論社.

Williamson, Oliver E. (1985), *The Economic Institutions of Capitalism: Firms, Markets, Relational Contracting*, New York, NY: Free Press.

Wuyts, Stefan and Inge Geyskens (2005), "The Formation of Buyer-Supplier Relationships: Detailed Contract Drafting and Close Partner Selection," *Journal of Marketing*, Vol. 69, No. 4, pp. 103-117.

Yeoh, Poh-Lin (2004), "International Learning: Antecedents and Performance

Implications among Newly Internationalizing Companies in an Exporting Context," *International Marketing Review*, Vol. 21, No. 4/5, pp. 511-535.

Zhuang, Guijun, Youmin Xi, and Alex S. L. Tsang (2010), "Power, Conflict, and Cooperation: The Impact of Guanxi in Chinese Marketing Channels," *Industrial Marketing Management*, Vol. 39, No. 1, pp. 137-149.

浅沼万里 (1983), 「取引様式の選択と交渉力」, 『経済論叢』 (京都大学), 第131巻, 第3号, pp. 99-124.

荒川祐吉 (1965), 「マーケティング・チャネル概念とチャネル行動 —— チャネル行動論序説 —— 」, 『国民経済雑誌』 (神戸大学), 第112巻, 第5号, pp. 66-84.

石井隆太 (2018), 「マーケティング・チャネルにおける対立に関する研究：再検討」, 『JSMD レビュー』, 第2巻, 第1号, pp. 29-38.

石井隆太 (2019), 「国際市場におけるマルチ・チャネル戦略」, 『マーケティングジャーナル』, 第38巻, 第3号, pp. 86-94.

石井隆太 (2022), 「マーケティング・チャネル研究における資源と能力に関する理論の検討」, 『立命館経営学』 (立命館大学), 第60巻, 第5号, pp. 117-142.

石井隆太・菊盛真衣 (2018), 「制御焦点がチャネル選択・推奨に及ぼす影響 —— マルチ・チャネルショッパー行動の分析 —— 」, 『マーケティングジャーナル』, 第38巻, 第2号, pp. 52-67.

兼村栄哲 (1995), 「流通フロー概念に内在する諸問題」, 『産業経営』 (早稲田大学), 第15号, pp. 249-264.

北島啓嗣・崔 容熏 (2011), 「日本のフランチャイズ・システムにおけるチャネル選択問題」, 渡辺達朗・久保知一・原 頼利 編 (2011), 『流通チャネル論 —— 新制度派アプローチによる新展開 —— 』, 有斐閣, pp. 57-75所収.

久保知一 (2003a), 「流通チャネルにおける統合と分離 —— ケイパビリティ・アプローチによる取引関係の吟味 —— 」, 『三田商学研究』 (慶應義塾大学), 第45巻, 第6号, pp. 113-141.

久保知一 (2003b), 「流通チャネルと取引関係 —— 動的取引費用モデルによる卸売統合の実証分析 —— 」, 『三田商学研究』 (慶應義塾大学), 第46巻, 第2号, pp. 111-132.

久保知一 (2003c), 「マーケティングの競争戦略論的基礎 —— 文献レビューと今後の研究課題 —— 」, 『オケージョナル・ペーパー・シリーズ』 (慶應義塾大学), GSBC No.03-03.

久保知一（2011），「新制度派的流通チャネル研究の展開」，渡辺達朗・久保知一・原 頼利 編（2011），『流通チャネル論 ―― 新制度派アプローチによる新展開 ――』，有斐閣，pp. 14-36 所収.

久保知一（2018），「流通チャネルにおける取引関係の開始」，『マーケティングジャーナル』，第38巻，第 2 号，pp. 6-20.

久保村隆祐・荒川祐吉（1974），「流通機能と商業」，久保村隆祐・荒川祐吉 編，『商業学 ―― 現代流通の理論と政策 ――』，有斐閣，pp. 103-182所収.

近藤公彦（1989），「マーケティング・フロー研究の課題」，『岡山商大論叢』（岡山商科大学），第24巻，第 3 号，pp. 39-54.

白石秀壽（2016），「フランチャイズ・チェーンのチャネル選択問題：フランチャイズ店／直営店比率のパネルデータ分析」，『流通研究』，第18巻，第 1 号，pp. 55-78.

ダイヤモンド社（2011），「組織図・系統図便覧［全上場会社版2011］」．

DIAMOND D-VISON NET（http://www.d-vision.ne.jp）［最終アクセス2022/04/25］

高嶋克義（1994），『マーケティング・チャネル組織論』，千倉書房.

高嶋克義・南知恵子（2006），『生産財マーケティング』，有斐閣.

高田英亮（2009），「チャネル選択問題に関する取引費用分析の再検討 ―― ケイパビリティ理論を踏まえて ――」，『三田商学研究』（慶應義塾大学），第52巻，第 4 号，pp. 41-64.

高田英亮（2013），「取引費用要因とケイパビリティ要因がチャネル統合度に及ぼす影響」，『流通研究』，第15巻，第 1 号，pp. 15-38.

髙田英亮（2015），「デュアル・チャネルの選択に関する予備的検討」，『三田商学研究』（慶應義塾大学），第58巻，第 2 号，pp. 155-168.

髙田英亮（2017），「レプリケーション研究の方法」，『JSMD レビュー』，第 1 巻，第 2 号，pp. 65-71.

高橋郁夫（2008），『消費者行動 ―― 小売マーケティングへの写像 ――（三訂版）』，千倉書房.

高橋秀雄（2012），「マーケティング・チャネル研究の在り方について」，『中京企業研究』（中京大学），第34号，pp. 1-14.

田村正紀（2001），『流通原理』，千倉書房.

崔 容熏（2010），「チャネル研究の系譜」，マーケティング史研究会 編，『マーケティング研究の展開』，同文舘出版，pp. 81-102所収.

崔 容熏（2015），「書評 結城祥 著『マーケティング・チャネル管理と組織成果』」，『同志社商学』

（同志社大学），第67巻，第 2・3 号，pp. 69-76.

崔 容熏・原 頼利（2019），「マーケティング成果へのチャネル統合度と企業特殊的要因との統合
　　効果：ポジショニングと資源」，『流通研究』，第22巻，第 1 号，pp. 17-33.

日経 NEEDS（http://www.nikkei.co.jp/needs/）［最終アクセス2022/04/25］

日本経済産業省「平成26年商業統計調査」．

風呂 勉（1968），『マーケティング・チャネル行動論』，千倉書房．

矢作敏行（1996），『現代流通 ── 理論とケースで学ぶ ── 』，有斐閣アルマ．

山下裕子・福冨 言・福地宏之・上原 渉・佐々木将人（2012），『日本企業のマーケティング力』，
　　有斐閣．

結城 祥（2007），「マーケティング・チャネルにおけるパワーと信頼」，『三田商学研究』（慶應義
　　塾大学），第49巻，第 7 号，pp. 25-46.

結城 祥（2010），「マーケティング・チャネルにおける新規販路開拓と関係性の管理」，『流通研
　　究』，第12巻，第 4 号，pp. 17-30.

結城 祥（2012），「販路開拓と同調獲得 ── 学習理論に基づく製造業者のチャネル行動の実証
　　分析 ── 」，『流通研究』，第14巻特別号，第 2・3 号 合併号，pp. 55-75.

結城 祥（2014），『マーケティング・チャネル管理と組織成果』，千倉書房．

結城 祥（2017），「取引のネットワークと製品開発の成果」，『流通研究』，第20巻，第 2 号，pp.
　　49-64.

渡辺達朗（1997），『流通チャネル関係の動態分析』，千倉書房．

主 要 事 項 索 引

マ

ヤ

ラ

著者略歴

石井 隆太 (いしい・りゅうた)

立命館大学経営学部准教授

慶應義塾大学商学部卒業、同大学院商学研究科修士課程・博士課程修了。博士（商学）。日本学術振興会特別研究員（DC1）、福井県立大学経済学部助教を経て2021年より現職。専門は流通論、マーケティング論。2015年 ICAMA Honorable Mention、2017年 KSMS Best Conference Paper Award、2022年 マーケティングジャーナル奨励賞を受賞。日本商業学会や日本マーケティング学会の学会誌をはじめ、*Industrial Marketing Management*、*International Marketing Review*、*Journal of Business & Industrial Marketing*、*Marketing Intelligence & Planning* 等の海外学術誌に論文を掲載している。

デュアル・チャネル
B2Bマーケティングにおける流通戦略

2023年1月18日 初版第1刷発行

著　者　　石井 隆太

発行者　　千倉成示
発行所　　株式会社 千倉書房
　　　　　〒104-0031 東京都中央区京橋3-7-1
　　　　　電話 03-3528-6901 (代表)
　　　　　https://www.chikura.co.jp/

造本装丁　米谷 豪
印刷・製本　精文堂印刷株式会社

©ISHII Ryuta 2023　Printed in Japan 〈検印省略〉
ISBN 978-4-8051-1266-3 C3063